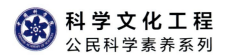

科学文化工程
公民科学素养系列

优美的科学
结构与形态

张燕翔　编著

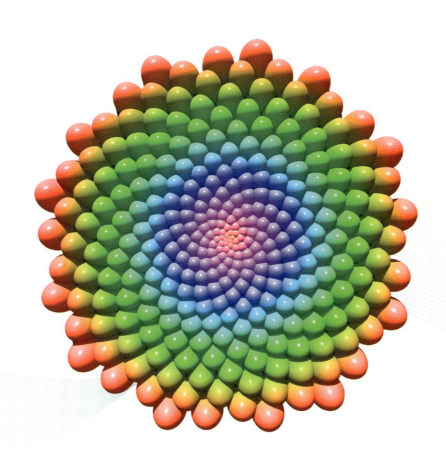

中国科学技术大学出版社

内 容 简 介

结构与形态是世界建构及物质多样化存在的根本,本书从大量科学现象和科学技术过程的运动变化中,精选出极为优美和具有艺术感的系列画面,并且以全新的视角和结构进行组织,带给读者一个充满了科学与艺术之美的世界。

本书选取了大量普遍存在于我们身边的事物的形态与结构,从对称、黄金分割、Voronoi结构、曲线、曲面、透视、镶嵌等基础结构,到普遍存在于各种晶体及建筑物中的多面体结构,以及数学中抽象存在的双曲空间、高维几何、拓扑几何等所具备的神奇的结构,还探讨了世界万物形态中广泛存在的美丽的结构和纹理背后的分形及反应扩散系统等形成机制。

本书高度地将科学技术与艺术融为一体,每一张图片都具有惊艳之美,同时又蕴含丰富的科学知识和原理,使之在成为一本科普图书的同时又具有高度的艺术审美价值。

期待本书能够激发起广大大、中、小学生乃至幼儿对于科学的兴趣,并且可以成为中小学科学课程的课外参考书,同时亦可供科普创作研究者、新媒体艺术创作者以及相关课程的教师参考。

图书在版编目(CIP)数据

优美的科学.结构与形态/张燕翔编著.—合肥:中国科学技术大学出版社,2018.5
ISBN 978-7-312-04182-2

Ⅰ.优… Ⅱ.张… Ⅲ.科学知识—中小学—课外读物 Ⅳ.G634.73

中国版本图书馆CIP数据核字(2017)第230447号

出版	中国科学技术大学出版社 安徽省合肥市金寨路96号,230026 http://press.ustc.edu.cn https://zgkxjsdxcbs.tmall.com
印刷	安徽国文彩印有限公司
发行	中国科学技术大学出版社
经销	全国新华书店
开本	787 mm×1092 mm 1/16
印张	13.25
字数	275千
版次	2018年5月第1版
印次	2018年5月第1次印刷
定价	49.00元

前 言
PREFACE

  科学技术一向给人以高深而冰冷的印象，然而它实际上也有优美动人的一面，这种美不仅仅是哲学层面的科学内在的美，更体现为当代科技手段所承载和创造出来的艺术美，这种美源于科学技术所创造出来的独特的艺术形态。当代科技所创造的艺术，兼备科技的内涵与艺术的魅力，成为传播科学知识的极佳媒介。本书正是选取这些来自科技的艺术作品，将它们优美的表现形态呈现给读者，同时深入浅出地介绍其所蕴含的科技知识，使读者可以深刻地感受到科技的艺术美及科技自身的魅力，从而激发起学习新科技的热情以及进行科技创新的灵感。书中有部分图片，相关内容的3D版本可以通过增强现实技术进行互动体验，详情请见http://newvisual.science/ar/。

  本书选取了大量普遍存在于我们身边的事物的形态与结构，从对称、黄金分割、Voronoi结构、曲线、曲面、透视、镶嵌等基础结构，到普遍存在于各种晶体及建筑物中的多面体结构，以及数学中抽象存在的双曲空间、高维几何、拓扑几何等所具备的神奇的结构，还探讨了世界万物形态中广泛存在的美丽的结构和纹理背后的分形及反应扩散系统等形成机制。

  本书适合高年级小学生、中学生及大学生阅读，可以作为中小学科学课及科学实验课的补充读物，并且与传统的科学课教材相比较而言，本书在传播科学知识的同时还可以潜移默化地提高学生的审美意识。本书也可为科学传播相关专业的师生、科普创作者及科普研究者提供大量有新意且有价值的科普作品学习研究案例。同时，本书还可供艺术设计行业的创作人员参考，为他们的创作提供新的思路和更多的可能性。

  本书的写作得到家人的大力支持，特此表示感谢！

  限于时间仓促及作者水平有限，书中存在不当之处在所难免，还请读者批评指正，并欢迎来信联系，邮箱：petrel@ustc.edu.cn。

张燕翔

2018年2月

访问 http://newvisual.science/ar/ 或扫描下方二维码,下载相应APP,在APP中扫描有  标志的图片可以呈现相应的AR内容。

目　录
CONTENTS

前言　/i

1　平凡而伟大的结构

1.1　对称　/2
1.2　从 Fibonacci 数列到黄金分割　/14
1.3　Voronoi 结构　/26
1.4　曲线与曲面　/34
1.5　曲线、曲面与现实世界　/48
1.6　透视与反透视　/52
1.7　变换　/60
1.8　镶嵌与铺块　/66

2　几何结构与物理世界

2.1　优美的多面体　/72
2.2　六边形构造的多元形态：碳元素的神奇结构　/88
2.3　优美的晶体　/94

3　奇异的结构：神奇的几何

3.1　双曲空间　/116
3.2　高维几何　/126
3.3　拓扑几何　/133

4　万物形态的规律：分形

4.1　分形　/162
4.2　自然界中的分形　/176
4.3　模拟生物系统的分形　/182

5 自然界中美丽图案的秘密

5.1 动物的美丽纹理从何而来 /188

5.2 控制生物图案的上帝之手 /192

5.3 无生命物质中的奇迹 /196

5.4 掌握上帝之手:设计与模拟 /200

参考文献 /205

1 平凡而伟大的结构

1.1 对　　称

对称是物体或图形中的某些部分或结构呈现出规律性的重复。对称广泛地存在于从宏观到微观的许多事物中。

轴对称

左、右结构对称的动物才能跑得快或飞得起来。

人类以及许多动物的左、右眼以及左、右耳的对称结构则能够感知信息的立体和距离的特征,可见这种对称还是功能性的。

人类平行对称的双眼,能够感受到周围世界中事物的远近及立体信息。

动物对称排列于头部两侧的双眼,则可以为它们提供更宽阔的视野,使之能够更好地适应野外生存的需要。

如果一个图形沿着一条直线折叠,直线两旁的部分能够互相重合,那么这个图形叫作轴对称图形,这条直线叫作它的对称轴,图形中能够完全重合的两个点称为对称点。

左手(性)与右手(性)单靠平移和旋转不可能完全重合,必须做镜像操作才能重合,所以也叫手性对称或镜像对称。

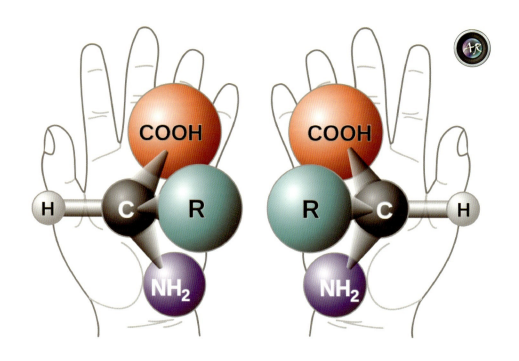

手性对称的两种氨基酸分子

手性对称的分子,是一类化学中结构上镜像对称而又不能完全重合的分子,它们往往具有基本相同的物理及化学性质。

在物质世界中有活性的分子许多是左旋的,构成地球生命体的几乎都是左旋氨基酸,右旋的分子往往不能较好地被人体代谢而会给人体带来负担甚至危害。20世纪60年代,一种称为反应停的孕妇用镇静剂上市后导致1.2万名婴儿生理缺陷,就是因为生产出来的这种药物包含手性对称的两种成分,而其中之一对胚胎有很强的致畸作用。但是化学合成中两种分子出现的比例是相同的,这导致生产药物的成本大幅度提高,"不对称催化合成"的方法解决了这一问题,并且这项研究获得了2001年度诺贝尔化学奖。

旋转对称

在对称结构排布的空间取一根直线为旋转轴,当转至$360°/n$(n为正整数)时,如此空间排布与原排布完全重合,表示符合对称操作。继续操作,应可重复n次,称作n次对称或n重对称。许多花卉及植物具有旋转对称结构。

访问http://newvisual.science/ar/或扫描前言背面二维码,下载相应APP,在APP中扫描有 标志的图片可以呈现相应的AR内容。

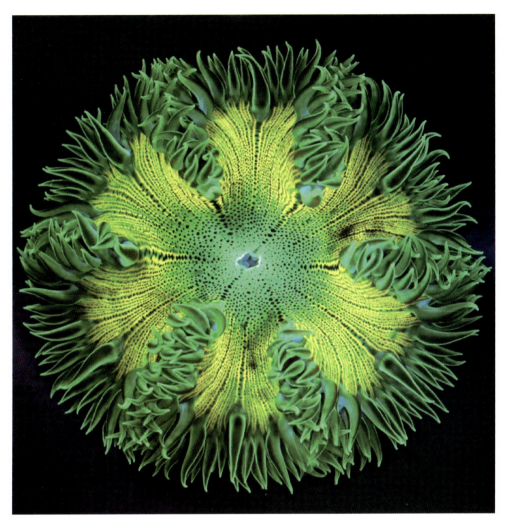

石花海葵

菊花

太阳花

叶片结构

旋转对称还在古代各国的绘画艺术中被应用,如下分别为意大利和印度古代的旋转对称绘画作品,这些画面在旋转180°前后都能够正常观赏。

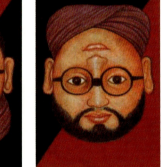

意大利的旋转对称绘画作品　　　　　　　　印度古代的旋转对称绘画作品

球对称

古希腊毕达哥拉斯学派就已从数学研究中发现了和谐之美,称一切立体图形中最美的是球形,一切平面图形中最美的是圆形。现在用物理学中的对称操作,来证明它们是最完美的。对几何球形来说,通过球心的任何直线都可以成为旋转对称轴,转动到任何角度都可以和原图重合。任何通过球心的平面,都把球分成两半的镜像对称面。这就证明球具有最完美的对称。同样,在圆所在的平面,通过圆心竖立一条对称轴,按此轴旋转至任何角度,都与原图重合,就像没有转过一样;含对称轴的任何平面都是镜像对称面。可见,圆是平面中最完美的对称图形。

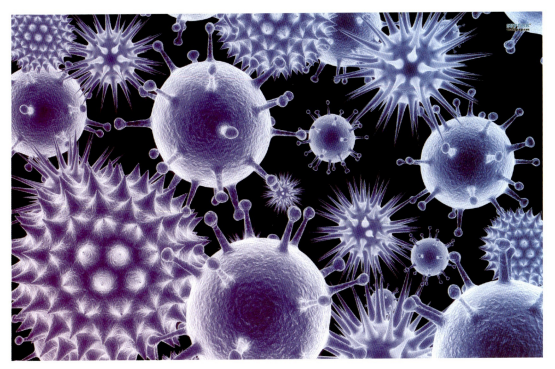

病毒

地球

生物世界中的对称

对称普遍地存在于生物世界。德国生物学家同时也是插画艺术家的 Ernst Heinrich Haeckel(1834~1919)在其作品集《自然中的艺术形式》中描绘了大量具有轴对称结构的各类生物,这些作品不仅反映了自然生物的对称美,也成为了科普绘画的典范。

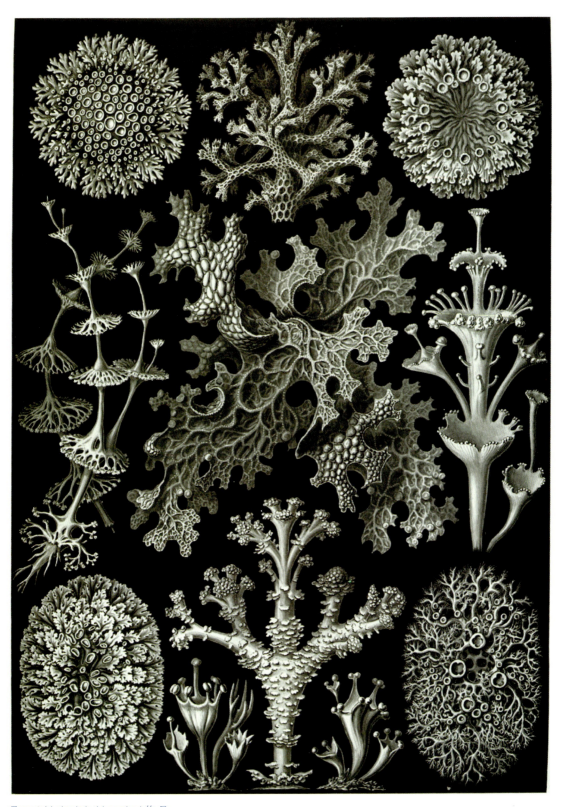
Ernst Heinrich Haeckel作品

平移（平铺）对称

在很多物体中，某种结构的排列具有一定的周期性，这种结构单元沿某方向的坐标轴平移一单元，平移后的图形与原图无法区分（即完全重合），如果这种操作可继续下去，则这就是平移对称。

平移对称在建筑设计中应用普遍，这种对称在建筑物的水平和垂直方向都有体现，不同的楼层和单元之间构成平移对称。同时，在物理学研究中，各种晶体中由规则排列的原子构成的晶胞单元之间也构成平移对称。

螺旋对称

对称单元呈螺旋形对称排列，构成螺旋对称。生物的遗传物质如DNA双螺旋中，壳粒就是沿着螺旋形的核酸链对称排列的。

除了微观结构，一些生物及宇宙星云也具有螺旋对称结构。

螺旋对称在建筑设计等领域也有使用,如楼梯往往采用螺旋形设计,而位于伊拉克 Samarra 的建筑 Space of Dreams 也采用了螺旋对称的结构。

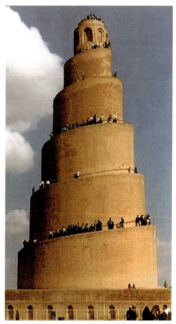

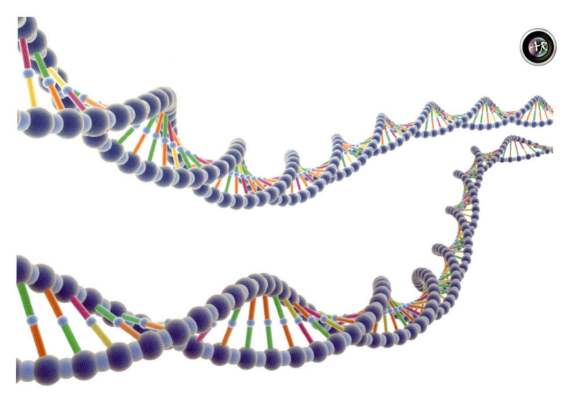

10000光年

相似对称

  相似对称是由在结构、形状上相似的结构单元构成的对称,又称为扩展对称。如悉尼大剧院的不同屋顶之间、洋葱及树木年轮之间,形状相似,但又不完全相同,构成相似对称。

悉尼大剧院

超对称

有些物理学家试图将万有引力和别的基本力整合在一起,结果有了令人吃惊的预言:每个基本物质粒子都应该拥有有重量的"影子"载力粒子,而每个载力粒子都应该拥有有重量的"影子"物质粒子;这个在物质粒子与载力粒子之间的关系就叫作超对称性。举个例子来说,对每种夸克都有一种粒子叫"Squark"。

超对称粒子还未被发现,但CERN和费米实验室已经在进行实验侦测超对称伙伴粒子(Supersymmetric Partner Particles)。

1.2 从Fibonacci数列到黄金分割

Fibonacci数列

1202年数学家Fibonacci提出了一个著名的兔子问题:假定一对兔子从第三个月起逐月生一对一雌一雄的小兔,每对小兔在两个月后也逐月生一对一雌一雄的小兔……问一年之后共有多少对兔子?

Fibonacci是这样来考虑的:设第 n 个月后兔房里的兔子数为 a_n 对,这 a_n 应由以下两部分组成：一部分是第 $n-1$ 个月时已经在兔房里的兔子，它们有 a_{n-1} 对；另一部分是第 n 个月中新出生的，而这部分应由第 $n-2$ 个月时兔房里的兔子所生，有 a_{n-2} 对。

数列的前面几个数是：1，1，2，3，5，8，13，21，34，55，89，144，…。这个数列的名字叫作"Fibonacci 数列"，这些数被称为"Fibonacci 数"。特点是除前两个数（数值为1）之外，每个数都是它前面两个数之和，2＝1＋1，3＝2＋1，5＝3＋2，8＝5＋3，…，如此类推。

大自然中处处都可以找到 Fibonacci 数列的例子，比如花卉的花瓣数目，我们会发现花卉的花瓣数目也基本上是 Fibonacci 数列里出现的数字。

Fibonacci 螺旋线

Fibonacci 螺旋线,也称"黄金螺旋",是依次以 Fibonacci 数为正方形边长及圆的半径画出来连接而成的螺旋曲线,是非常优美及完美的形状。

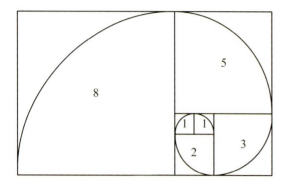
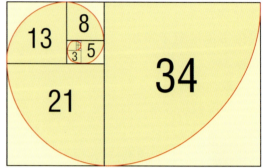

自然界中存在许多 Fibonacci 螺旋线的图案,如飓风的云图、银河系的螺旋结构。

生物中也常见这种形状,如向日葵种子的排列、仙人球针的排列、芦荟叶片的排列等。

植物以"黄金螺旋"的形式生长可以让其新生叶子或花瓣等与旧的结构之间不会相互遮挡太多,能最大限度地享用阳光、雨露等生长所需的资源。

下图通过程序算法再现了植物结构中的黄金螺旋,不难发现其与许多植物的花卉、叶片、果实等有着高度相似的结构。

甚至人类耳朵也符合黄金螺旋的形状,这样的结构有利于更好地接收声波,获取声音消息。

而鹦鹉螺的生长形状则可能是最符合黄金螺旋的,当把海螺横向切成两半时,它内腔壁的形状就是完美的"黄金螺旋"形状。

黄金分割

把一条线段分割为两部分,使其中一部分与全长之比等于另一部分与这部分之比,即在直线段 AB 上以点 C 分割,使 AC:AB = CB:AC。其比值是一个无理数（$(\sqrt{5}+1)/2$）,这个比例在数学里记作符号 φ,取其前三位数字的近似值是 1.618。由于按此比例设计的造型十分美丽,因此称之为黄金分割。这是一个十分有趣的数字。

相邻两个 Fibonacci 数的比值随序号的增加而逐渐趋于黄金分割比,即 $f(n)/f(n-1) \rightarrow 1.618\cdots$。由于 Fibonacci 数都是整数,两个整数相除之商是有理数,所以只是逐渐逼近黄金分割比这个无理数。但是当我们继续计算出后面更大的 Fibonacci 数时,就会发现相邻两数之比确实是非常接近黄金分割比的。

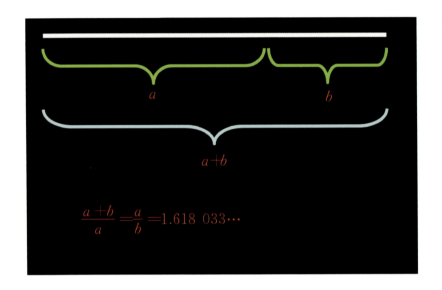

这个数值的作用不仅仅体现在诸如绘画、雕塑、音乐、建筑等艺术领域,而且在管理、工程设计等方面也有着不可忽视的作用。人类在很早的时候就在建筑物设计中使用黄金分割比例,如埃及的金字塔。

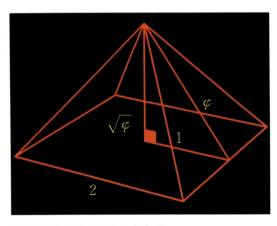

具有黄金分割比例的金字塔

在自然界中这一神奇比例几乎无所不在。在植物中,各种乔木以及灌木所形成的直的或横的长方形常常接近黄金分割比例,牡丹、月季、荷花、菊花等观赏性花卉的花蕾呈直边椭圆形,且长短轴的比例大致接近于黄金分割比例。形体优美的动物,如马、骡、狮、虎、豹、犬等,凡看上去健美的,其身体部分长与宽的比例也大体上接近于黄金分割比例。

黄金分割在实际生活中的应用也非常广泛。建筑物中某些线段的比就科学地采用了黄金分割。舞台上的报幕员并不是站在舞台的正中央,而是偏在台上一侧,以站在舞台长度的黄金分割点的位置最美观,声音传播得最好。在很多科学实验中,选取方案常用一种1.618法,即优选法,它可以使我们合理地安排较少的试验次数找到合理的配方和合适的工艺条件。

黄金分割的几何图形

黄金矩形的长、宽之比为黄金分割率,每个黄金矩形都可以被分割成一个正方形和一个更小的黄金矩形。黄金矩形能够自我产生:从已有的黄金矩形出发,很容易通过画正方形的方法得到新的黄金矩形,再通过画正方形,又可构成黄金矩形,这样的过程可以无限地继续下去。如果依次以所得正方形的一个顶点为圆心,边长为半径绘制圆弧,则可以得到一条等角螺线,称为黄金螺线。

等角螺线是由笛卡儿在1683年发现的。17世纪的著名数学家雅各布·伯努利后来对之进行了重新研究,发现了等角螺线的许多特性,如等角螺线经过各种适当的变换之后仍是等角螺线,比如扩大2倍或者缩小一半之后还是它自己。他十分惊叹和欣赏这个曲线的特性,故要求死后将之刻在自己的墓碑上,并附上一句颇有深意的话"Eadem mutata resurgo",译成中文就是"我变了,但却和原来一样!"

黄金螺线在自然界很多物体中存在,如优美的鹦鹉螺。

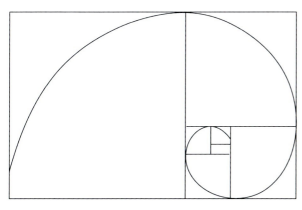
黄金矩形及黄金螺线

鹦鹉螺

正五边形中包含着美妙的黄金分割，在一个正五边形里画出一个星形，这个星形是由五条对角线构成的，每一条对角线的长度恰好是正五边形每一边长的 φ 倍，继续在星形中间的五角形中再画上一个小星形，在小星形中再画上一个更小的星形，如此这般一直画下去，可得到一个分形图形，而这些小星形的边长比例也都构成黄金分割。

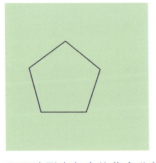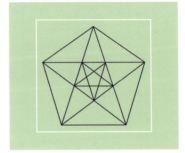

正五边形中包含的黄金分割

黄金三角形是一个等腰三角形，它的顶角为36°，每个底角为72°。连接正五边形里共顶点的两条对角线就可以构成一个黄金三角形，它的腰与它的底成黄金比。当底角被平分时，角平分线分对边也成黄金比，并形成两个较小的等腰三角形。这两个三角形之一相似于原三角形，而另一三角形可用于产生螺旋形曲线。平分新的黄金三角形的底角并继续这样的过程，会产生一系列黄金三角形，并形成一条等角螺线。

黄金分割与美术

黄金分割在文艺复兴前后，经过阿拉伯人传入欧洲，受到了欧洲人的欢迎，他们称之为"金法"，17世纪欧洲的一位数学家，甚至称它为"各种算法中最宝贵的算法"。这种算法在印度称为"三率法"或"三数法则"，也就是我们现在常说的比例方法。

它在造型艺术中具有美学价值，在绘画艺术、工艺美术和日用品的长宽设计中采用这一比值，能够让人们觉得这些作品具有美感。

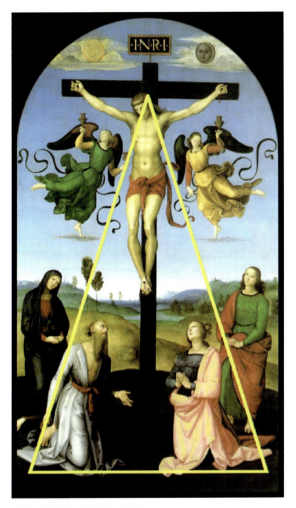 

艺术作品中的黄金分割

1. 黄金分割与美人标准

在人体中包含着许多"黄金分割"比例,如脐为头顶至脚底的黄金分割点,喉结为头顶至脐的黄金分割点,眉间点为发缘点至颏下的黄金分割点等。

人体中的黄金矩形:如躯干轮廓、头部轮廓、面部轮廓、口唇轮廓等。

黄金指数:如鼻唇指数(鼻翼宽度与口裂长之比)、唇目指数(口裂长度与两眼外眦间距之比)、唇高指数(面部中线上下唇红高度之比)等。

Emma Watson美丽面孔中的黄金比例：$A/B = A/C = 1.618$

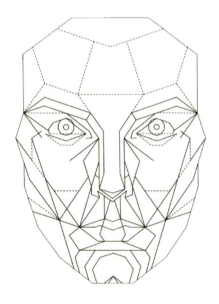

Marquardt Beauty Mask

黄金三角：如外鼻正面观三角、外鼻侧面观三角、鼻根点至两侧口角点组成的三角等。

世界上有一些美容家认为，人的相貌可以用数学方法来计算，然后比较美丑；他们甚至成立了自己的组织和研究机构。加州有一位整形医生Stephen R. Marquardt博士对此做了专门研究。他比较了很多大众认可的美人图片，对多件世界著名艺术品上的美丽面孔进行了一一核对，以正五边形和正五角星为基础，经过多次变换得到了一种确定"美人"面部特征的标准网格模板，然后制成了"美女面具""俊男面具"，还将其称为

"Marquardt Beauty Mask"，并且申请了专利。这个模型现在已经广泛地被医学整形界应用为参照标准之一。

不同时代、不同民族的美女对"Marquardt Beauty Mask"的验证

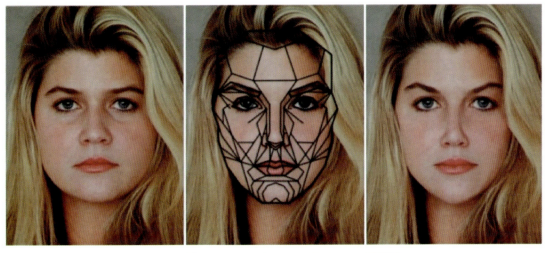

原图　　　　　经 Marquardt Beauty Mask　　　调整后
　　　　　　　调整

1.3 Voronoi 结构

Voronoi 图与 Delaunay 图

Voronoi 图是俄国数学家 Georgy Voronoy(1868~1908)创造的一种数学图表,这种图表在数学、计算科学、生物、交通、地理以及计算机图形学等领域有着重要用途。

给定一个点或者实体集合,平面就可以划分成距离各个点或者实体最近距离的凸网,这个凸网即称为 Voronoi 图,又叫泰森多边形或 Dirichlet 图,它由一组用连接两邻点直线的垂直平分线组成的连续多边形组成。N 个在平面上有区别的点,按照最邻近原则划分平面;每个点与它的最邻近区域相关联。

通过 Voronoi 图能够有效地将地理信息中的点、对象和区域以拓扑结构表示出来,并能通过这些拓扑关系表示自然语言中的定性关系和模糊地理信息,从而对这种定性关系进行度量。

Delaunay 三角形是由与相邻 Voronoi 多边形共享一条边的相关点连接而成的三角形。Delaunay 三角形的外接圆圆心是与三角形相关的 Voronoi 多边形的一个顶点。Voronoi 三角形是 Delaunay 图的偶图。

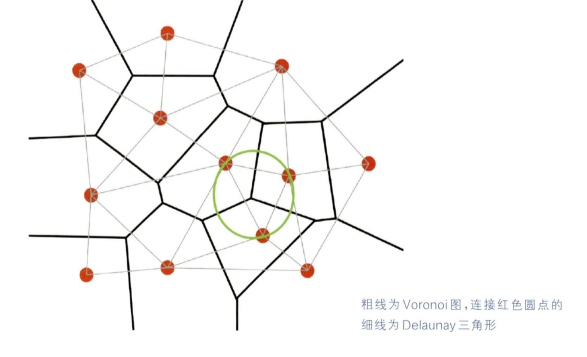

粗线为 Voronoi 图,连接红色圆点的细线为 Delaunay 三角形

资源的公平与均衡规则：Voronoi 结构

Voronoi 结构体现了自然界中构成邻居关系的资源共用者之间对资源获取的公平、均衡与和谐的状态，因此这种图案在大自然中非常常见，如叶脉划分出的区域、动植物乃至大地结构对资源的竞争和分配模式，同时这种结构还能描述人类居住区域的模式，以及晶体结构中各种原子、分子对空间的分配和占有等。由于 Voronoi 结构的这些特性，它还被广泛应用于对公共资源的规划，如交通等。

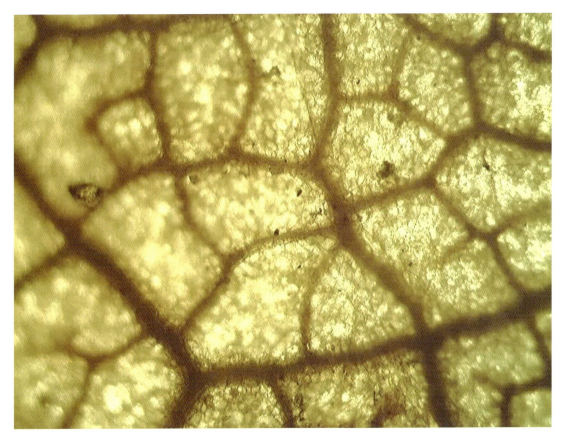

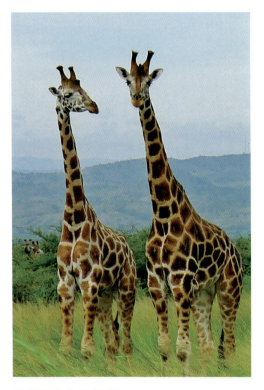

长颈鹿身上的纹理

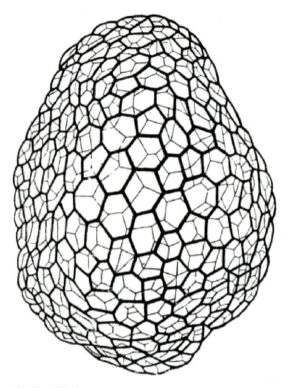

蜂巢的结构

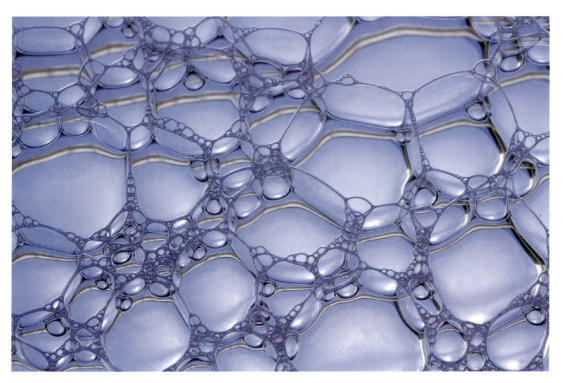

肥皂泡中的Voronoi结构

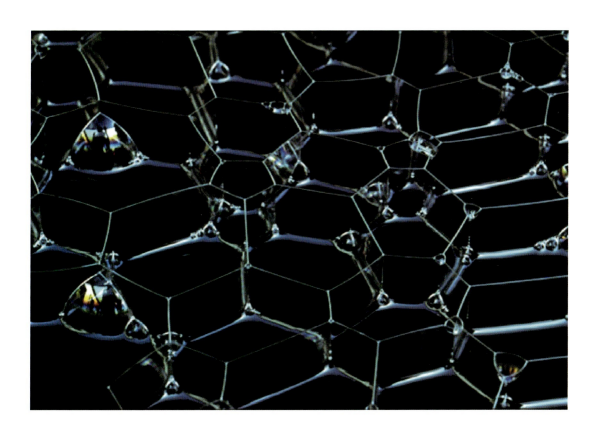

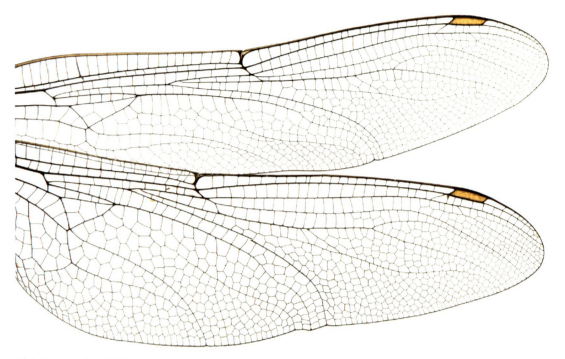

蜻蜓翅膀的表面结构

湖水干涸后的大地

Voronoi 分形

Ken Shirriff 提出了一种创建 Voronoi 分形的方法：在画面上首先放置一些点，并且从之创建 Voronoi 图，然后在每个已经得到的 Voronoi 区域中再放置一些点，并且继续从之创建 Voronoi 图，重复这个过程就可以获取一个 Voronoi 分形。

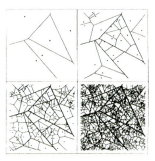

Voronoi 分形的建立过程

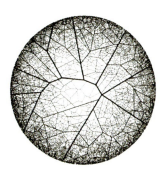

Voronoi 分形

圆形内部创建的 Voronoi 分形

Frederik Vanhoutte 的 Voronoi 分形作品

Voronoi造型

Marc Fornes将Voronoi图在软件Rhino中进行立体化,获得了一种基于Voronoi的空间网格造型。

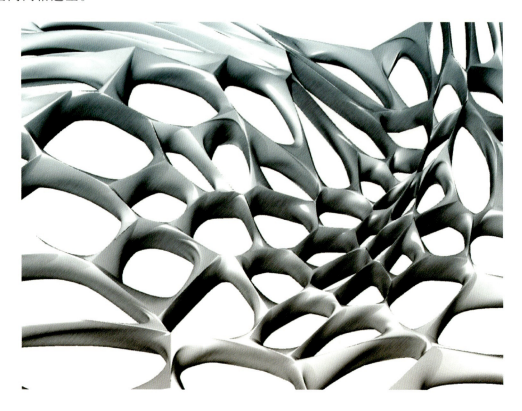

著名的"水立方"正是基于Voronoi进行表面构成单元设计的。

Voronoi 马赛克

普通的马赛克处理将会使图像的色彩特征及边界特征模糊掉,而基于色彩信息的 Voronoi 马赛克却能够很好地保留这些信息,使得图像呈现出一种既具象又抽象的美感。

Voronoi 马赛克

三维 Voronoi 与 Voronoi 雕塑

麻省理工学院的干流体实验室在他们的研究中提出了一种基于 Voronoi 立体单元的数学方法,Voronoi 图中均分两个点的线在这里变成了面,被研究的空间中粒子之间的无形的相互作用被这种多面体结构的 Voronoi 立体单元准确而有形地体现出来,从而极大地方便了研究。

Bathsheba Grossman 在十二面体的基础之上创建了一种三维 Voronoi 网格,并且将得到的形状用于雕塑造型。

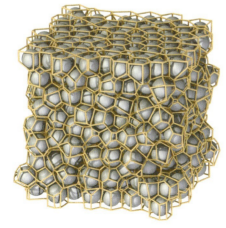

三维 Voronoi 网格　　　　　Voronoi 雕塑

1.4 曲线与曲面

递归与追逐产生的数学曲线

1. 递归螺线

利用两个圆,一个大圆,一个小圆,小圆沿着大圆的圆周内缘相接滚动,若在小圆中挖一个洞并以笔尖从这个洞中画图,则可以画出美丽的图案。大圆、小圆使用的半径不同或是小圆中所挖的洞距离小圆圆心的位置改变,都会使画出来的图案产生不同的变化。

紧贴固定的大圆内侧运动的小圆上面 P 点的运动轨迹,根据两圆半径以及 P 点位置的不同,结果亦不相同。

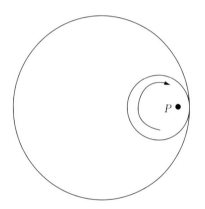

Spirograph 绘制原理

Spirograph 图案示例

Spirograph 绘制工具

1 平凡而伟大的结构

2. 相对递归追逐图案

行星相对地球的运动轨迹是怎样的？由于各个行星并不在一个平面上运动，轨道实际上是三维的，以下为这些运动轨迹在天球上的投影。

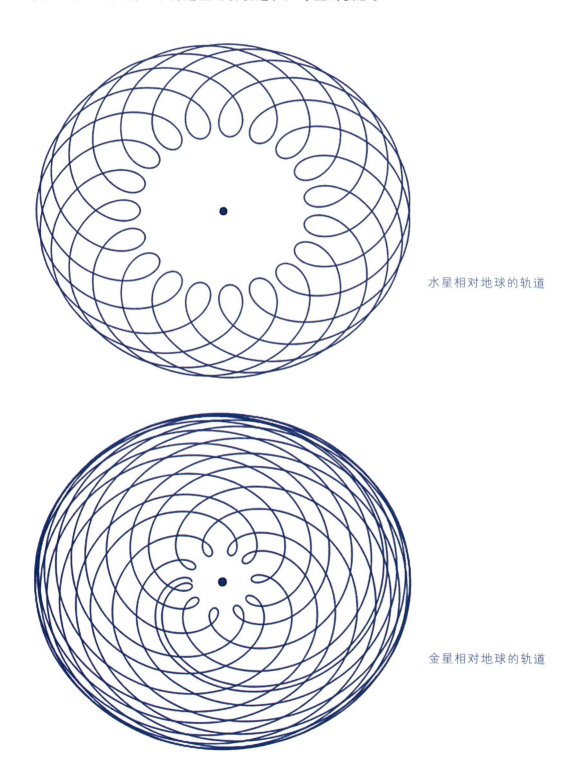

水星相对地球的轨道

金星相对地球的轨道

木星相对地球的轨道

土星相对地球的轨道

天王星相对地球的轨道

1　平凡而伟大的结构

3. 追逐曲线

设想四个虫子位于一个正方形的四个顶点上,并且从顶点出发开始追逐另外一个虫子。

用许多小折线来逼近曲线,是数学中非常重要的思想方法,也是微积分与数值方法的重要基础。

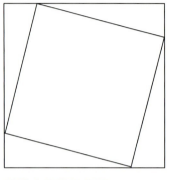
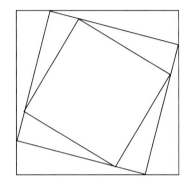

追逐曲线开始步骤

下图左是追逐过程产生的曲线,这是一条等角螺线。下图右则是一个基于正三角形的追逐曲线。

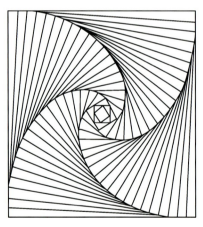
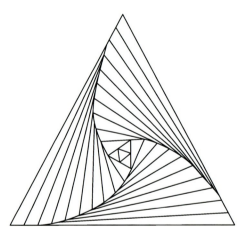

正方形追逐曲线　　　　　　正三角形追逐曲线

象形曲线

1. 蝴蝶曲线

有些数学曲线可以描绘出与自然界许多现象相似的形态,蝴蝶曲线是其中的一种。它是美国南密西西比大学坎普尔·费伊(Temple H. Fay)发现的,可用极坐标函数绘制出类似蝴蝶造型的曲线。

蝴蝶曲线

2. 菊花曲线

坎普尔·费伊还发现了能够绘制出菊花造型的曲线方程,下图为 Paul Bourke 根据这个方程使用计算机程序生成出来的菊花造型。

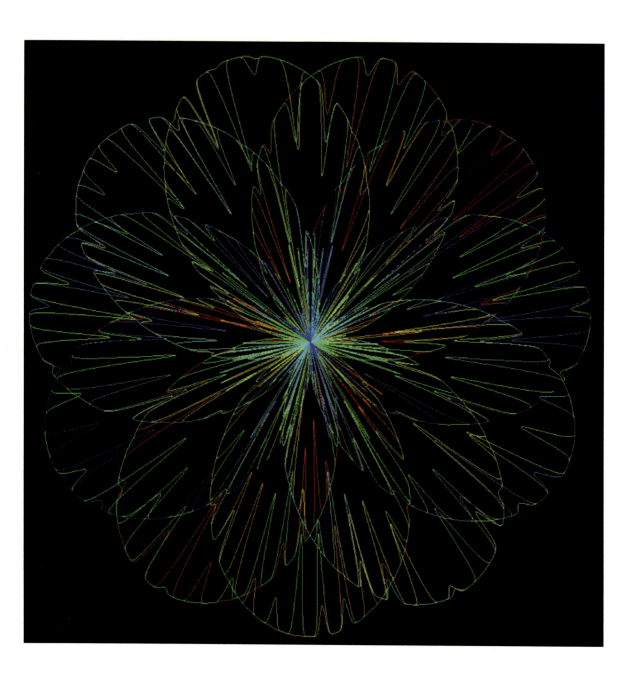

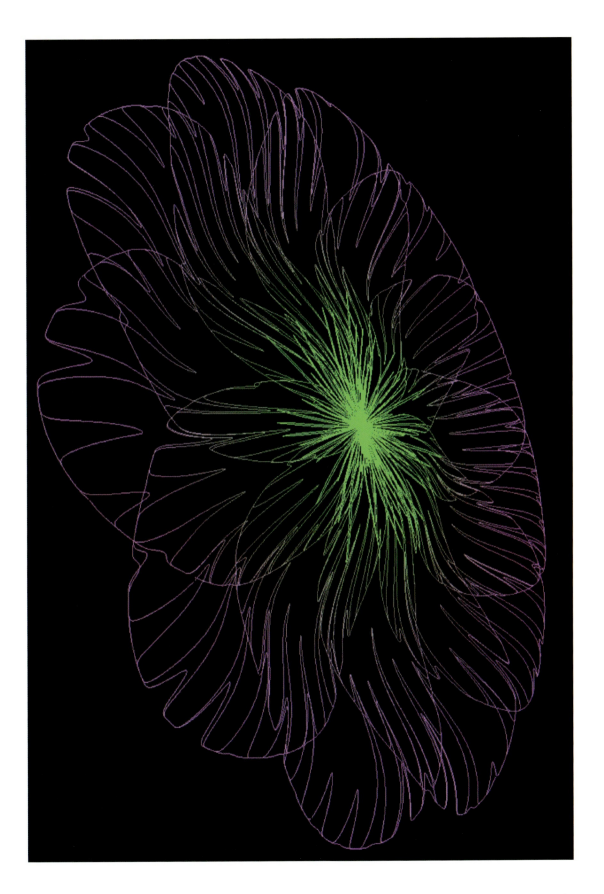

3. 龙线

按照如下步骤制作曲线：

（1）画一线段 AB，以 B 为旋转中心，将 AB 及 A 点旋转 $-90°$，得到曲线 ABC；

（2）以 C 为旋转中心，将步骤（1）中的图形旋转 $-90°$，得到曲线 $ABCDE$；

（3）以 E 为旋转中心，将步骤（2）中的图形旋转 $-90°$，得到曲线 $ABCDEFGHI$；

（4）以 I 为旋转中心，将步骤（3）中的图形旋转 $-90°$，得到曲线 $ABCDEFGHI\cdots$。

以上步骤如下图所示，继续做下去，即可得到一条像中国古代传说中的龙的曲线。

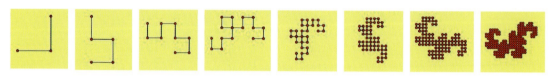

龙线制作步骤

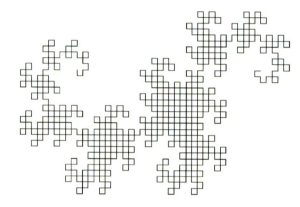

曲线的簇化设计

曲线以一种线条方式存在,从视觉的角度说显得单薄而软弱,而对曲线进行簇化设计之后,可以产生面和块的感觉,从而增强了视觉表现力。

1. 参数簇化

将同一数学曲线的方程,连续地以一系列不同的参数进行绘制,并且叠加在一起,可以产生一种立体化的艺术效果,如右图分别为 Kerry Mitchell 使用星形线以及玫瑰线(其方程为 $r = a\sin(n\theta)$)进行簇化设计得到的作品。

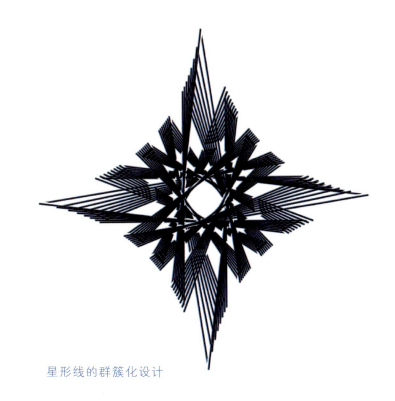

星形线的簇化设计

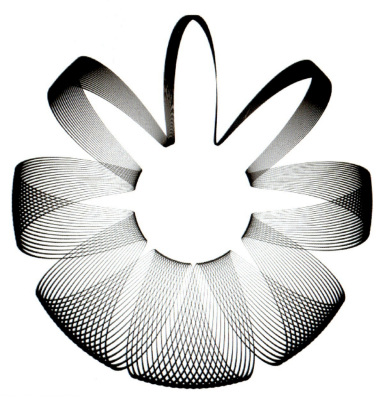

玫瑰线的簇化设计

2. 曲线群簇化产生曲面

在 Roman Verostko 的《Cyberflower》系列作品中,使用数学函数算法生成的系列曲线通过绘图仪被打印到画布上。群簇化的曲线图形叠加在一起,产生了一种抽象而优美的曲面。

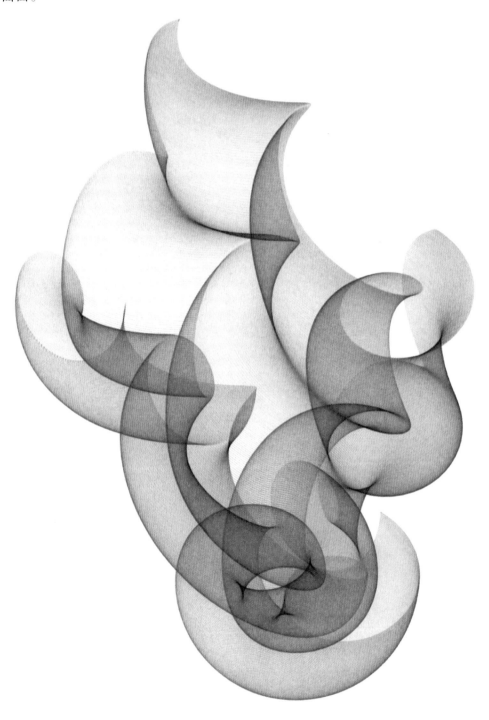

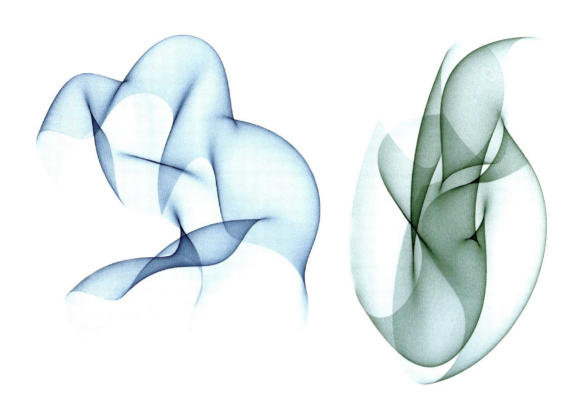

3. 旋转群簇化

对简单的线条进行旋转同样可以获得具有视觉冲击力的效果,如下图为对两条曲线进行旋转之后获取的图案。

对两条曲线进行旋转之后获取的图案

1 平凡而伟大的结构

4. 曲线缝合的艺术

曲线缝合的艺术最早可以追溯到1904年，英国妇女Mary Everest Boole(1832~1916)发明了这种采用直线段表现曲线的艺术形式，她采用针线和纸板进行曲线的缝合，获得了许多优美的图案。

随着计算机技术的发展，这种曲线缝合的艺术开始以计算机的方式实现。美国宾夕法尼亚州的计算机艺术家Lionel Deimel创作了大量的曲线缝合艺术作品。

曲线缝合的艺术

1 平凡而伟大的结构

1.5 曲线、曲面与现实世界

单叶旋转双曲面

单叶旋转双曲面造型在建筑艺术设计中可以构建具有特殊承重功能的结构。

用单叶旋转双曲面
造型构建的桥梁

用单叶旋转双曲面
造型构建的屋顶

旋轮线与方形车轮

旋轮线是一个圆沿一定直线滚动时圆周上的一个定点所产生的曲线,在实际生活中,当一个车轮沿一条直线滚动时,车轮边缘上任意一点描绘出的曲线就是旋轮线。

意大利科学家伽利略在1630年提出一个问题:"一个质点在重力作用下,从一个给定点到不在它垂直下方的另一点,如果不计摩擦力,问沿着什么曲线滑下所需时间最短?"他以为这个曲线是圆,可是这是错误的。

牛顿、莱布尼茨、洛必达和伯努利等数学家推导出了这个问题的正确答案:连接两个点的唯一一段旋轮线。

旋轮线与1673年荷兰科学家惠更斯讨论的摆线相同。因为钟表摆锤做一次完全摆动所用的时间相等,所以摆线(旋轮线)又称等时曲线。

1960年,数学家G. B. Robison发现方形的车轮在连续的圆弧形路径上滚动时也可以产生旋轮线。

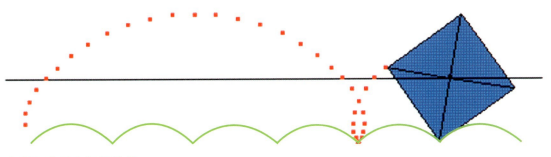

方形车轮产生的旋轮线

基于这个发现,Macalester大学的数学家Stan Wagon设计了一种轮子为方形的自行车,骑着它就如同骑普通自行车一般平稳。

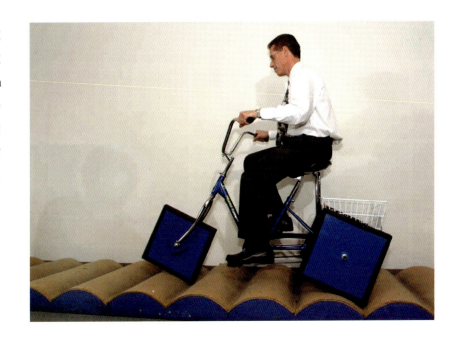

超级公式

2003年，生物学家Johan Gielis在 *American Journal of Botany* 杂志上发表了"超级公式（Superformula）"，他认为能够在大自然中发现的复杂形状和曲线可以用含有足够多参数的公式来进行描述。

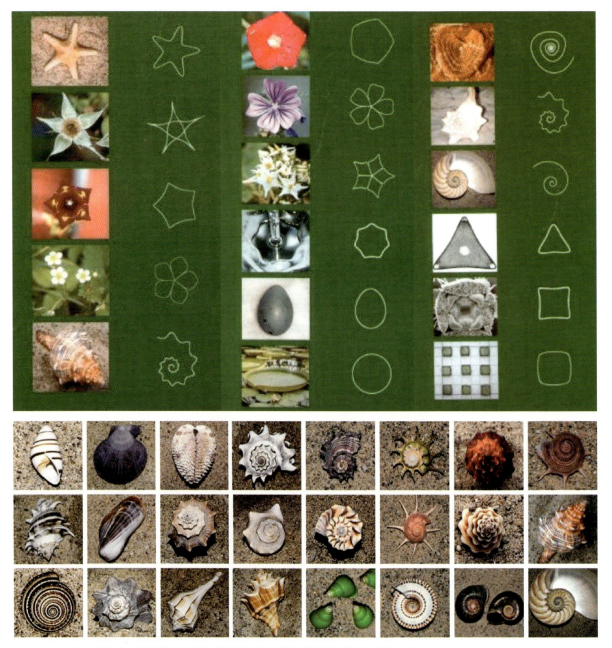

Johan Gielis的超级公式生成的形状与许多自然界中的形状一致

早在 17 世纪，Grandus 就推断了花朵形状和三角函数之间的关系。Superformula 是一个通用的几何变形公式，它涵盖了大量在自然界中发现的几何形态。比如对圆形施加这种变形，就会得到典型的海星、贝壳和花朵形状。

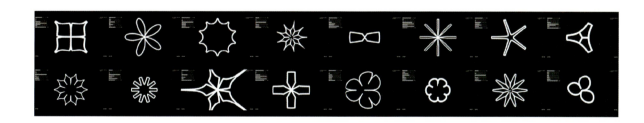

近年来，Paul Bourke 吸取并发展了 Johan Gielis 关于 Superformula 的思想，将其推广到三维情形：毕竟自然界是三维空间。Paul Bourke 为 Mac OS X 和 Linux 系统编写了一个基于 OpenGL 的共享软件，供人们探索 Supershape 世界。Vincent Berthoux 则提供了一个可用于 Windows 的版本，采用文本配置文件描述 Supershape。

1.6 透视与反透视

透视与绘画

透视是一种在平面上表现三维空间的几何技巧,它在15世纪意大利文艺复兴时期由建筑师布鲁内莱斯基(Brunelleschi)以及艺术家Leon Battista Alberti创立,透视画法利用物体的遮挡、相对尺寸的缩小以及线条的消失来表现空间深度感。

普通透视

1. 单点透视

在中轴观察前方远景时,所有的透视线收缩到一个点(即消失点),如Piero Della Francesca的《Ideal City》。

2. 两点透视

当直接在某物体正前方观看时,水平透视线将收缩到水平反向上的两个消失点上。

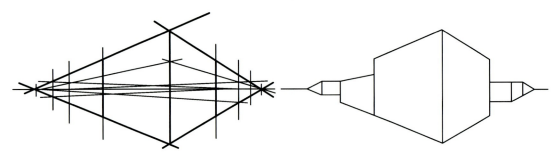

两点透视

3. 三点透视

在某物体前上方观看时，水平透视线将收缩到水平反向上的两个消失点上，垂直透视线则将收缩到垂直下方的消失点上。

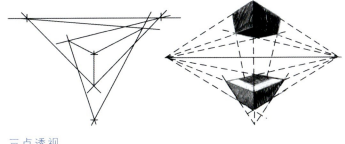

三点透视

4. 四点透视

四点透视发生于这样的情形：在某很高的物体中部的正前方稍远的位置观看时，一方面，水平透视线将收缩到水平方向上的两个消失点上；另一方面，垂直透视线也将收缩到垂直方向上的两个消失点上，从而形成四点透视。这种情形常见于使用广角镜头的摄影作品。

五点透视

采用五个消失点，描绘出一个圆形的画面，从而可以模拟你前方周围上、下、左、右的完整的180°虚拟空间，这种透视效果也可以通过鱼眼摄影镜头来获取。

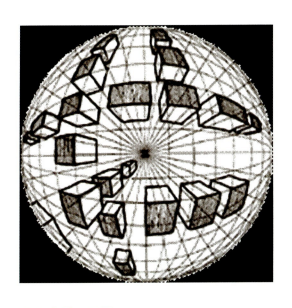

五点透视示意图

鱼眼摄影

基于数学变换实现的六点透视

在五点透视中，我们已经可以描绘一个半球状的空间了，而在这个半球内部的背面增加一个消失点，即可获得六点透视。

1986年，Ned Greene提出了对两张鱼眼照片进行变换得到一个长方形环境贴图（即Equirectangular图片）的数学方法，对Equirectangular图片进行经度和纬度的变换，使之脱离正常值，就可以获得一种超现实的透视效果。

张燕翔作品：基于球形全景照片的超现实透视变换

视觉欺骗：反透视

1. 反透视的产生原理

反透视是指违反正常的透视画法进行绘画，将透视绘画中本应该收缩于消失点的多条平行线仍然保持平行，同时不遵守各个局部之间正常的前后关系等，从而虚构了一种视觉上逼真但是实际上违反了透视原则并且不可能在现实中存在的物体。

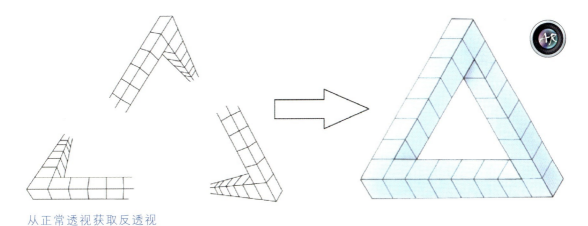

从正常透视获取反透视

反透视实际上是对正常透视的艺术化的应用，受到许多艺术家的青睐。

2. 不可能的几何体

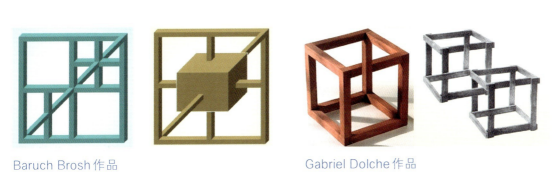

Baruch Brosh 作品　　　　　　　　Gabriel Dolche 作品

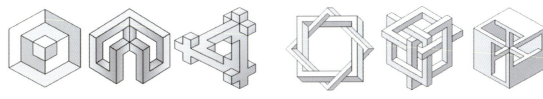

Sergio Buratto 作品

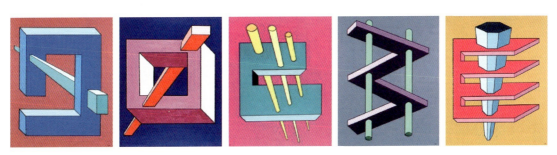

Petter Thoen 作品

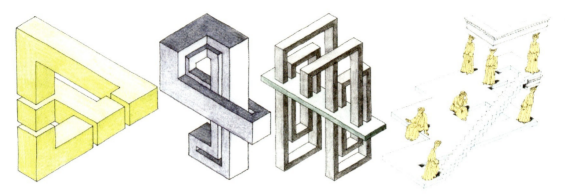

Oscar Reutersvard 作品

3. 不可能的机械与家具

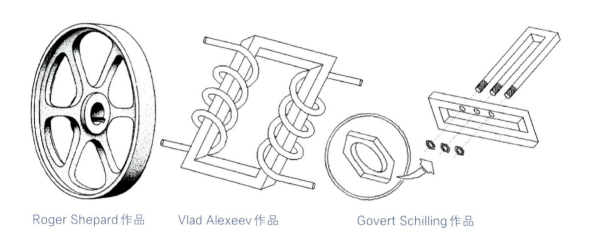

Roger Shepard 作品　　　Vlad Alexeev 作品　　　Govert Schilling 作品

Vicente Meavilla Seguí 反透视家具系列作品

4. 不可能的美丽风景

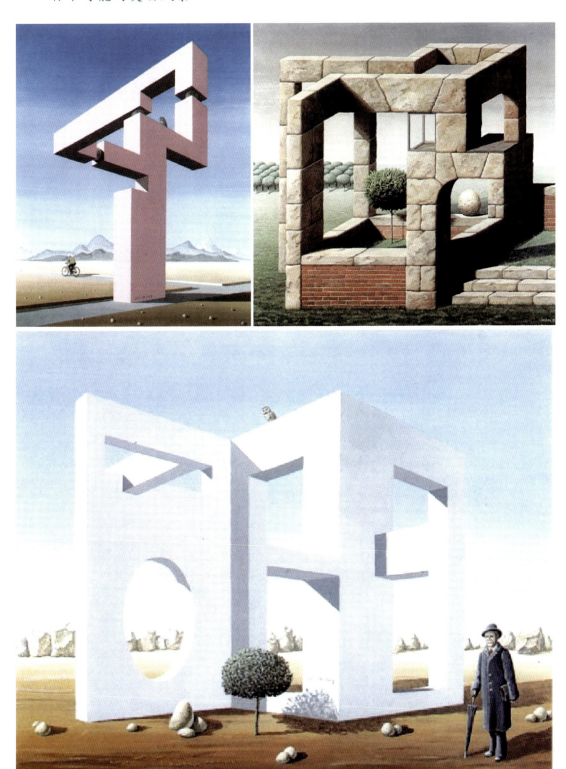

Jos de Mey 反透视景观作品

Escher 作品

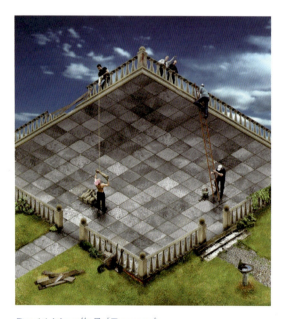

David Mac 作品《Terrace》　　　　　David Mac 作品《Pool》

Jos de Mey 反透视风景作品

 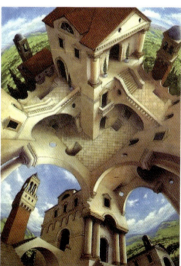 

Irvine Peacock 反透视绘画作品《Castle of Illusions》

1.7 变换

坐标变换与歪像

当我们看到下面的左图时,几乎无法判断这到底是什么东西,但如果放置一个表面光亮的不锈钢圆柱体在画面上之后,奇迹就发生了:我们竟然在不锈钢圆柱体的柱面上看到了一个烟斗。这就是歪像。

这到底是什么呢?   在不锈钢圆柱体的柱面上看到了一个烟斗

圆柱歪像艺术的原理

圆柱镜面反射一个方向表面是直的,就像一个平面镜,但另一边缘是弧状的,像一个曲面镜的表面。两种情况下,入射角等于反射角。曲面镜时,反射线均在圆柱边缘线上。

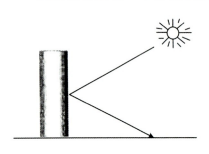

圆柱上的光线反射

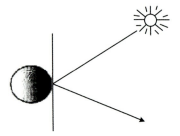

光线从四面八方射到我们眼里,瞳孔与外部世界相比很小,引起了"锥形视觉面",结合光线的曲线镜面反射就会产生一些有趣的现象。光线从不同角度射入镜面,眼睛接受的光线是圆锥体状的。

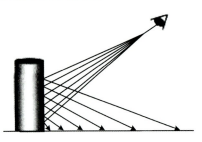

圆柱歪像作品采用了一个逆过程,即把

正常图片进行极坐标变形之后,我们从正常的角度观看时已经面目全非,但当从圆柱镜中看时,这种失真变形又经过了一个极坐标回到了平面直角坐标的变形,于是产生了在画面中放置一圆柱之后柱面上的镜像反而"正常"的视觉效果。

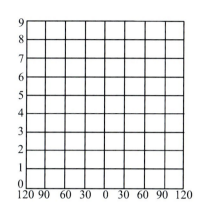

平面直角坐标　　　　　极坐标

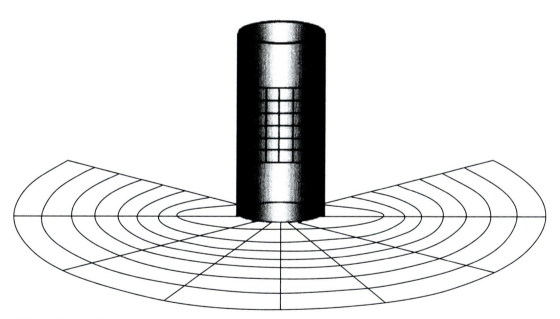

圆柱歪像的原理

圆柱(锥)歪像作品

　　www.lazyboneuk.com 网站销售一种歪像咖啡杯,在其杯托上印有经过极坐标变形的文字,当咖啡杯放在杯托上时其镜像却是正常的文字。

Philippe Comar 的圆锥歪像作品——圆盘上的画面在圆锥形的镜子上形成伞的形状

Philippe Comar 为 Renault 轿车创作的广告

反演

数学里的反演是指对于给定的点集 P，以及圆心为 O、半径为 r 的反演圆，求点集 P'，使得 $OP \times OP' = r^2$，点集 P' 就是点集 P 相对于定圆的反演。

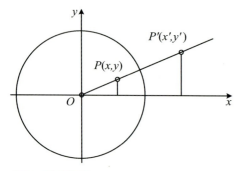

反演的原理图

反演的三维 Truchet 管

三维的反演则是相对定球的，Paul Bourke 将 Truchet 管在三维情况下反演，获得了反演的三维 Truchet 管，它具有极为优美的造型。

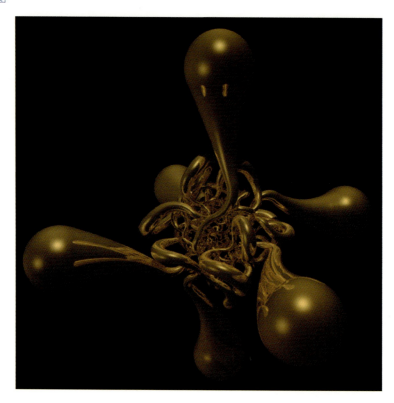

仿射变换

仿射变换是从一种二维向量空间坐标到另外一种二维向量空间坐标之间的线性变换。

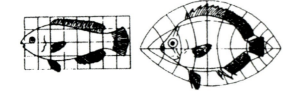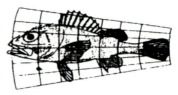

鱼的形象在不同的仿射变换之后获得的图像效果

在有限维的情况下，每个仿射变换可以通过变换矩阵和向量的乘法得到。

Humansoftware 公司的软件 Squizz 以及 Photoshop 中的 Liquidfy 是两个基于仿射变换的艺术化的图像设计工具，它们允许用户个性化地进行变形网格的设计，以高度灵活地控制图像的变形效果。

Squizz 变形效果

Liquidfy 变形效果

指数变形网格

在 M. C. Escher 的作品《Print Gallery》中，一种数学变形网格被用于画面的变形控制。这种变形网格中，每一个单元相对于上一个单元有着相同的变形倍率，从而形成一种指数变形网格。

M. C. Escher 作品《Print Gallery》

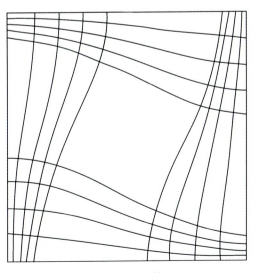

Escher 用到的指数变形网格

下图为张燕翔采用与Escher变形网格相似的变形网格对普通花卉图片进行变换得到的超现实花卉作品。

1.8 镶嵌与铺块

图形镶嵌

规则的平面分割叫作镶嵌,镶嵌图形是完全没有重叠并且没有空隙的封闭图形的排列。一般来说,构成一个镶嵌图形的基本单元是多边形或类似的常规形状。

正三角形、正方形和正六边形是仅有的三种自镶嵌正多边形。为什么正三角形、正方形、正六边形能够覆盖一个平面?因为过每一个正三角形顶点可安排六个正三角形,每个内角为60°,共360°。过每一个正方形公共顶点的正方形有四个,每个正方形的每个内角为90°,4个90°正好是360°。同样,过每个正六边形顶点有三个正六边形,每个内角为 120°,三个内角正好为 360°,由此可知,要使正多边形能覆盖平面,必须要求这个正多边形的内角度数能整除 360°。

规则铺块

通常将规则铺块的方式记为 $\{P,Q\}$,其中 P 为铺块多边形的边数,Q 为共用每个顶点的多边形的数量,则有:

如果 $(P-2)(Q-2)=4$,能够铺满平面空间;

如果 $(P-2)(Q-2)>4$,能够铺满双曲空间;

如果 $(P-2)(Q-2)<4$,能够铺满球面空间。

平面空间上的规则铺块有三种,如下图所示。对规则铺块按这样的规则进行衍生:从铺块的一边挖下一块形状,然后贴到与之相对的另外一边,如此往复,经过对规则铺块的一系列挖补可以获取各种形状复杂的铺块。

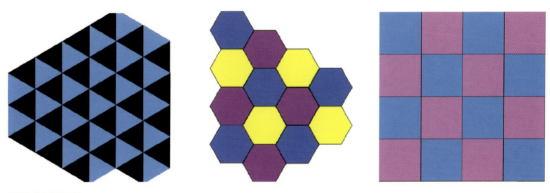

几种规则铺块

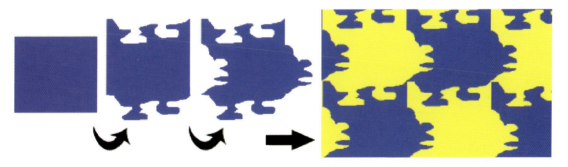

铺块的衍生

非规则铺块

要使用不同大小的铺块铺满平面,一种比较容易获取的非规则铺块是基于等比相似多边形的铺块,M. C. Escher 基于这种铺块创作了许多作品。

非规则铺块的结构　　M. C. Escher基于非规则铺块创作的作品

Penrose铺块

牛津大学的理论物理学家Roger Penrose在1973年提出了一种非周期平面镶嵌的例子，也是迄今这类镶嵌的最简形式——只用两种形状的铺块即可产生无穷多种的图案，从而非周期地铺满整个平面。有趣的是最近科学家通过对伊斯兰图案的研究发现，500年前回教艺术就已经开始使用类似的结构了。

在这种铺块结构中，铺块的每个边长都相同，而第一种铺块的四个内角分别为(72°，72°，72°，144°)和(36°，72°，36°，216°)，它们分别称为风筝和飞镖，它们的角与角连接在一起。

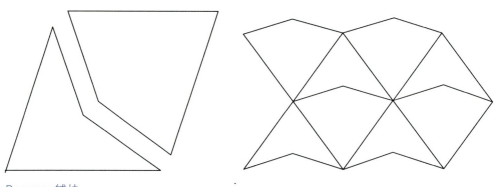

Penrose铺块

Tribbler 在这种铺块的基础上创作的作品

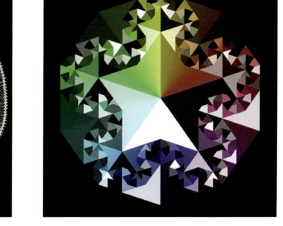

Kerry Mitchell 在这种铺块的基础上创作的作品

Truchet 管

1704 年,Sebastien Truchet 思考使用由正方形的边构造的三角形铺满平面的各种可能性,这种 Truchet 铺块能够获得非常漂亮的图案。1989 年,Clifford Pickover 将这种铺块修改为以正方形对角线两端为圆心、正方形边长为直径的两段圆弧,从而形成 Truchet 管。

  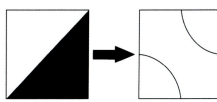

Truchet 铺块及其变换为管状的铺块图案

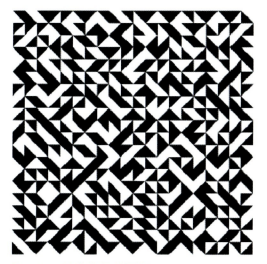

Truchet 铺块获得的图案

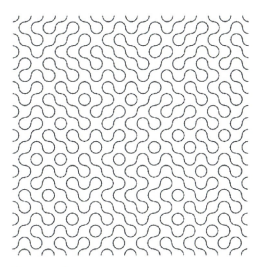

Truchet 管

Paul Bourke 则将 Truchet 管从平面推广到三维的情况。

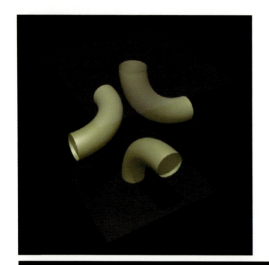

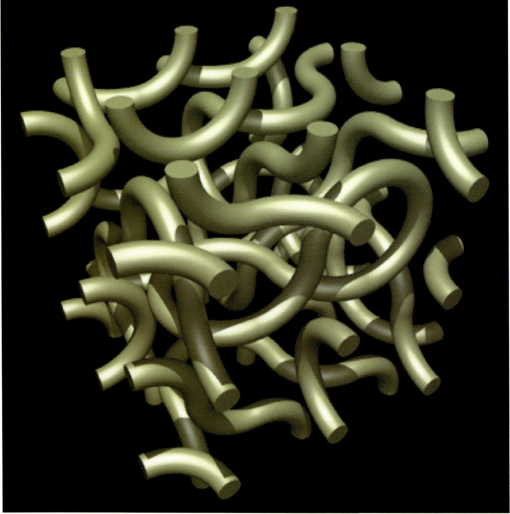

三维的 Truchet 管

2 几何结构与物理世界

2.1 优美的多面体

多面体的类型

1. 柏拉图多面体

所有的面都是由相同的正多边形构成的多面体称为柏拉图多面体,也叫作正多面体,柏拉图多面体只有以下五种:

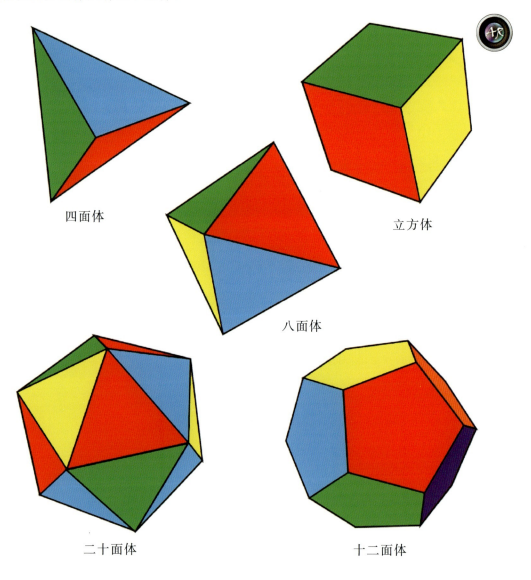

四面体

立方体

八面体

二十面体

十二面体

2. 开普勒：《宇宙的神秘》

开普勒发现，五个柏拉图多面体中的每一个都可通过球体进行独特的内切和外切；先构建这些多面体，每一个多面体装在一个球体里，这个球体又装在另一个多面体内，每个多面体可产生6层，分别对应6个已知的星球——水星、金星、地球、火星、木星和土星。对这些多面体进行正确的排序——八面体、二十面体、十二面体、四面体和六面体，开普勒发现假设这些星球环绕着太阳，那么球体可以按照一定的间距进行排列，间距对应于每个星球路径的相对尺寸（在已知的天文学观测结果的精确度范围内）。

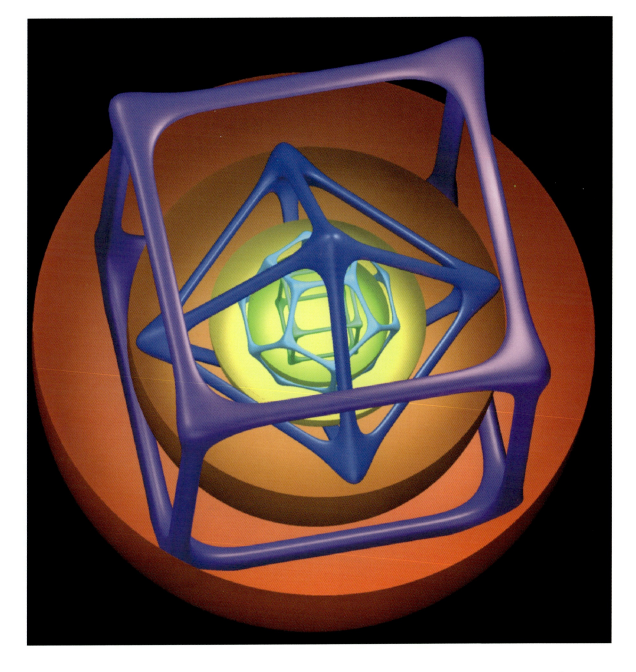

微观形态中的多面体结构

形态接近球体的多面体具有非常好的结构稳定性,并且常见于许多从微观到宏观的物质结构之中,如碳60、花粉、病毒、花卉、果实等等。

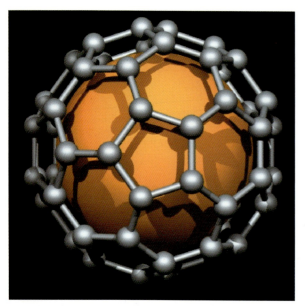

碳60

喇叭花花粉

HIV病毒

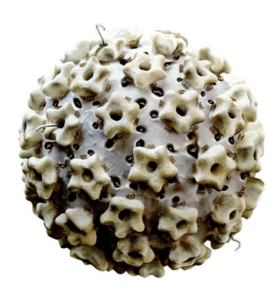

HPV病毒

多瘤病毒

蒲公英

阿基米德多面体

有些多面体虽然每面都是正多边形,但却由两种或是两种以上的正多边形组成,称为半正多面体。半正多面体总共有13种(包括两种镜像结构的话共有15种),这13种多面体由阿基米德发现,因此命名为阿基米德多面体。对正多面体进行截角可以获得半正多面体。

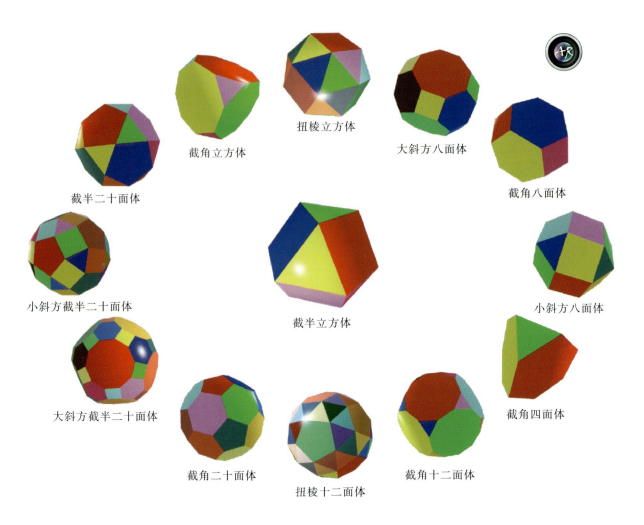

截半二十面体　截角立方体　扭棱立方体　大斜方八面体　截角八面体　小斜方截半二十面体　截半立方体　小斜方八面体　大斜方截半二十面体　截角二十面体　扭棱十二面体　截角十二面体　截角四面体

　　五个柏拉图体和十三个阿基米德体这十八种模型构成了三维空间的重要形状,在建筑、化学和原子物理学中有着重要的地位。

对偶多面体

　　若一种多面体的每个顶点均能对应到另一种多面体上每个面的中心,则它就是对方的对偶多面体。如果两个多面体的棱数相等,并且其中一个多面体的顶点数和面数等于另一个多面体的顶点数和面数,则这两个多面体为对偶多面体。例如:

　　正四面体的对偶正多面体是以它的四个面的中心为顶点的正四面体。

　　正六面体的对偶正多面体是以它的六个面的中心为顶点的正八面体。

　　正十二面体的对偶正多面体是以它的十二个面的中心为顶点的正二十面体。

1. 卡塔朗多面体

　　卡塔朗多面体是阿基米德多面体的对偶体。

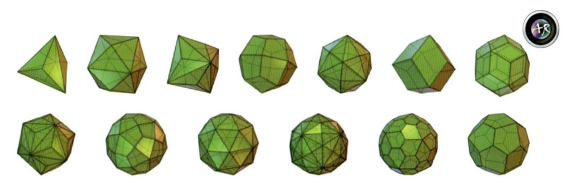

卡塔朗多面体

2. 塌陷多面体

将正十二面体或正二十面体的每一条棱都用一个无底棱锥替代,去掉的棱是无底棱锥的对角线,则该多面体就构成塌陷多面体。

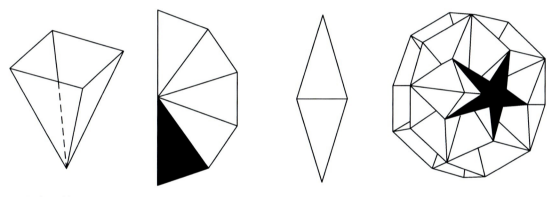

塌陷多面体

复合多面体

将两个或多个正多面体叠合在一起组合成一个多面体,称为复合多面体。对偶的多面体,可以利用边与边中点重合的方式,如四面体加四面体、六面体加八面体、十二面体加二十面体,都是由两个正多面体组合成的。

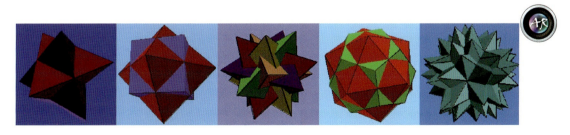

复合多面体

截角多面体

将正多面体的顶角截平,这些截面积正好完美表现出正多面体的顶点图形,如正四面体、正六面体与正十二面体截角面为三角形,正八面体为正方形,正二十面体为五边形。将正二十面体各角截掉,就是一般足球的形状。

开普勒星体

等边、等角、等二面角的凹多面体称为星体。德国天文学家开普勒最早对星体进行了研究,提出了对正多面体进行加法、减法处理获得星形的方法,他在论文《星形与星体》中研究了四种重要的星体,这些星体又被称为开普勒星体。

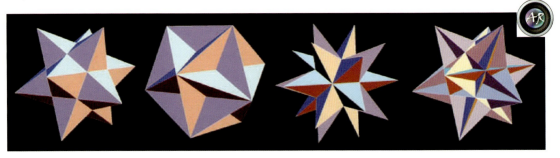

开普勒星体

多面体的艺术表现

复合

Marcel Tünnissen将多组多面体进行复合,他还采用12个立方体沿对角线进行复合构造,获得了极为复杂而优美的造型。

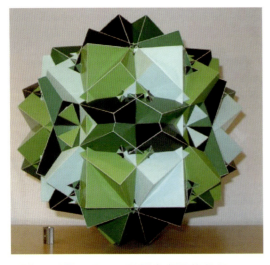
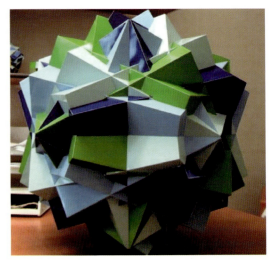

Marcel Tünnissen的复合多面体作品

构件编织

George W. Hart 是一位艺术家及跨越领域的学者,他身兼雕塑家、数学家、工程师、研究者、作家、计算机科学家及教育家数职。他的几何雕塑在许多展览中获奖,包括纽约州分会颁发的个人艺术家奖。他的著作集中于雕塑及其他领域的数学运用。

George W. Hart 巧妙地将多面体的顶点、边、角等决定多面体造型的关键因素提取出来,并且将其采用自定义的构件进行置换设计,然后再编织,从而产生全新的构造。这个过程首先在 CAD 软件里进行构型设计,然后将构件使用金属、塑料、木板等材料进行制作。

除了采用自定义图案的构件之外,George W. Hart 还使用各种实物作为编织多面体的构件,如书本、光盘等。

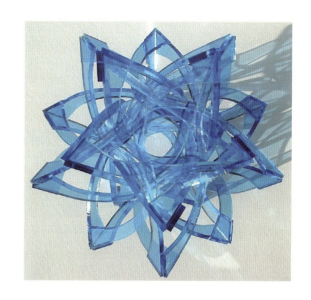

镂空与雕琢

Polyedergarten 对各种多面体的表面使用装饰图案进行镂空制作,从而将多面体生硬的表面变成花卉一般精妙绝伦的结构,除了在三维模型上进行这种镂空与雕琢外,这些设计还被打印出来制作成纸模多面体实物。

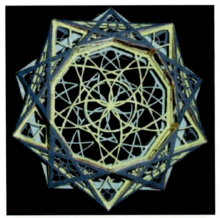
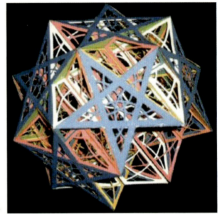
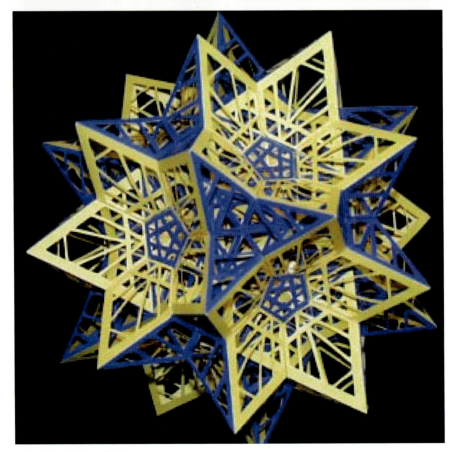

多面体的镂空与雕琢

建构与修饰

V. Bulatov 在正二十面体的基础上进行了各种发散性的造型设计，获得了许多奇特的装饰造型。

V. Bulatov 作品

群簇构造

Gayla Chandler 利用很多个完全相同的正十二面体、正二十面体等多面体,将它们的特定面依次相贴,进行群簇化的构造,获得一种海绵状的结构。

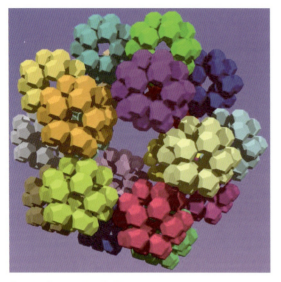

Gayla Chandler 作品

加拿大著名建筑师 Safdie Moshe 于 1967 年在蒙特卡罗举行的国际博览会(Expo 67)上设计的生境馆(Habitat'67)是一座预铸式混凝土住屋集合体,许多长方体形状的房间单元在空间中沿着锯齿形的框架堆成不规则的方块群簇。

Zome 模型

Zome 是 1992 年在美国问世的 ABS 塑料组合玩具,这种玩具使用插棒以及几何顶点珠(Zomeballs)这两种简单的基本元件就可以进行复杂多面体造型的构建,成为最适合亲子同乐、学习的玩具兼教具。其顶点珠直径为 18 mm,有 62 孔可以插入插棒。使用 Zome 可以非常方便地用来组合数学、化学、建筑、立体雕塑等模型。儿童可以通过这种玩具在动手做的过程中学习简单的几何形状,进而学习比较复杂的形状,如 C60、DNA 等。有研究证实 Zome 有助于打破学习障碍。

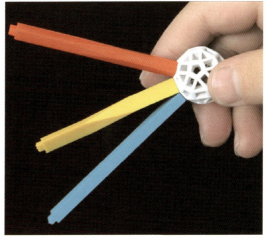

Zome 模型

George W. Hart 对基于 Zome 的几何学进行了深入的研究,创作了许多精彩的作品,并且还出版了相关的著作。

ZomeCAD 是一个基于计算机的 Zome 模型设计软件,借助 ZomeCAD 可以直观而方便、快捷地使用虚拟的插棒以及几何顶点珠进行造型设计。

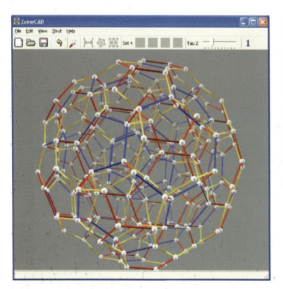

ZomeCAD 界面

1. 图案镶嵌

镶嵌一般是指在平面上使用多个具有相同及互补形状的铺块来铺满整个平面空间,这种镶嵌借助数学变换也可以推广到多面体或者球体等空间形状之上。

加拿大Camosun学院数学系的Jill Britton研究了在正多面体上的图案镶嵌,并且制作了一些这样的具有镶嵌图案的正多面体作品。

此外,球面贴图也可以通过数学变换转换成为多面体各个面的贴图,Jill Britton在此基础上还制作了一个多面体形状的地球模型。

Jill Britton的有镶嵌图案的正多面体作品及展开图

2. 折纸多边形及多面体

1939年，23岁的学生 Arthur H. Stone 在折叠报纸的过程中发现了将一个纸带折叠成正六边形并且将纸带背面图案隐藏的方法。

折纸多边形

后来人们将这种折纸方法推广到三维结构，在如下图所示纸带的基础上，首先把标有1、2、3、4、5、6、7的三角形通过标记×的格子分别粘成正四面体，最后再将两端的8×8×粘在一起，这时就构成一个四面体的环。

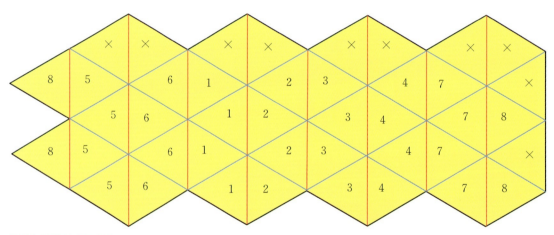

折纸多面体的纸带

这种四面体环可以进行灵活的旋转和构造变换。

四面体环

3. 纸编多面体

使用一个纸带通过编织获取多面体是类似于折纸多面体但是却可以表现更多种多面体的艺术形式，由于均匀多面体的表面是由相同的多边形构成的，因此就有可能将这些多边形依次连接并打印到纸带上，从而可以通过纸带的编织获取多面体。

Jean Pedersen 以及 Jim Blowers 等人对使用纸带编织多面体进行了较为深入的研究，并且制作了大量的模型。

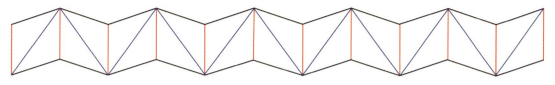

一种可以编织成为多面体的纸带

Jim Blowers 的纸编多面体作品

4. 曲面化

正常多面体的面是平直的，将其表面曲面化就可以产生艺术化的效果。

Michael Trott 与 Amy Young 合作的动画《呼吸》将一个二十面体的表面半径采用算法 $R \to \dfrac{R}{a}$ 进行变换，当 $a>1$ 的时候，二十面体的各个面向内收缩，而当 $a<1$ 的时候，二十面体的各个面就向外膨胀，结果就像在呼吸一样。

《呼吸》

而艺术家 Nadia Sobin 则将各种正多面体的正多边形的表面采用由系列外切圆弧曲线构成的接近正多边形的封闭平面图形重新建构多面体，从而使多面体的边和面曲面化，之后制作成为石头雕塑，使规整得有些死板的正多面体变得生动而活泼。Nadia Sobin 还创造了一个词——cyclogon，即由圆构成的多面体。

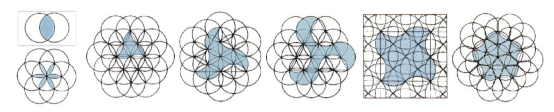

多面体的边和面曲面化的过程

Nadia Sobin 作品

2.2 六边形构造的多元形态：碳元素的神奇结构

金刚石

在金刚石晶体中，每个碳原子与另外 4 个碳原子形成共价键，构成正四面体。碳原子按四面体成键方式互相连接，组成无限的三维骨架，是典型的原子晶体。由于金刚石中的碳—碳键很强，所有的价电子都参与了共价键的形成，没有自由电子，因此金刚石不导电。

石墨是元素碳的一种同素异形体。石墨能导热和导电,它的主要用途是用作耐火材料的原材料,尤其是镁碳砖。石墨质软,呈黑灰色,有油腻感,可污染纸张,是最耐温的矿物之一。

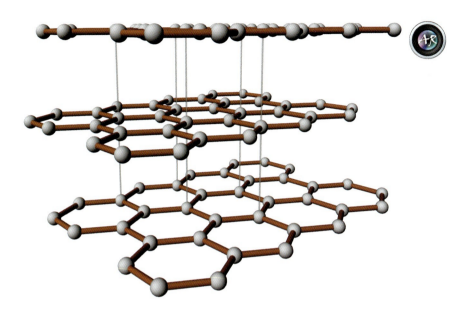

在石墨晶体中,同层的碳原子之间形成共价键,每一个碳原子以三个共价键与另外三个原子相连。六个碳原子在同一个平面上形成了正六边形的环,伸展成片层结构。由于每个碳原子均有一个比较自由的电子未形成共价键,相当于金属中的自由电子,所以石墨能导热和导电。层与层之间通过分子间的作用力(相对共价键的结合力而言弱很多)相互连接。因其特殊的结合方式,现在普遍认为石墨是一种混合晶体。

石墨烯

石墨烯又称为单层石墨,是目前世界上最薄却也最坚硬的纳米材料,它只吸收2.3%的光,几乎是完全透明的,是一种透明、良好的导体。此外,石墨烯另一个特性是能够在常温下观察到量子霍尔效应。石墨烯是一种由碳原子以共价键相互连接组成的六角形呈蜂巢晶格的平面薄膜,是只有一个碳原子厚度的二维材料。

石墨烯一直被认为是假设性的结构,无法单独稳定存在,直至2004年,英国曼彻斯特大学的物理学家安德烈·海姆和康斯坦丁·诺沃肖洛夫成功地在实验中从石墨中分离出石墨烯,才证实它可以单独存在,而两人也因"二维石墨烯材料的开创性实验"共同获得2010年诺贝尔物理学奖。

石墨烯的导热系数高达5300 W/(m·K),高于碳纳米管和金刚石,常温下的电子迁移率超过15000 $cm^2/(V·s)$,又比纳米碳管或硅晶体高,而电阻率只有约10^{-6} Ω·cm,比铜或银更低,为目前世界上电阻率最小的材料。因为它的电阻率极低,电子跑的速度极快,因此被期待可用来发展出更薄、导电速度更快的新一代电子元件或晶体管。由于石墨烯实质上是一种透明、良好的导体,因此也适合用来制造透明触控屏幕、光板,甚至是太阳能电池。

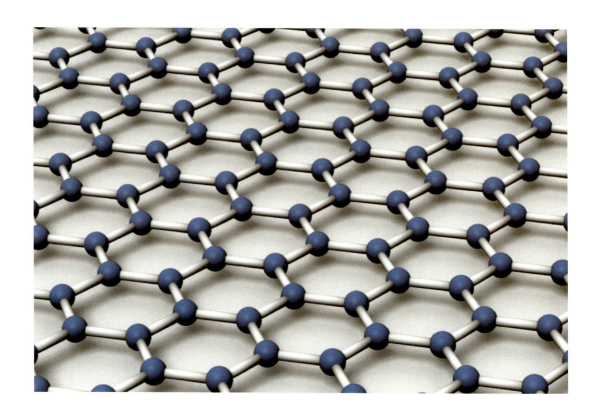

碳60

碳60分子是一种由60个碳原子构成的分子,又叫足球烯。碳60是单纯由碳原子结合形成的稳定分子。碳60在室温下为紫红色固态分子晶体,有微弱荧光。它不溶于水等强极性溶剂,在正己烷、苯、二硫化碳、四氯化碳等非极性溶剂中有一定的溶解性。它在常态下不导电。

碳60是由60个碳原子结合形成的足球形状的稳定分子,它具有60个顶点和32个面,其中12个面为正五边形,20个面为正六边形。每个碳原子以三个共价键与另外三个碳原子相连,这三个共价键分别为一个五边形的边和两个六边形的边。碳原子的三个共价键不是共平面的,键与键的夹角约为108°或120°,因此整个分子为球状。每个碳原子用剩下的一个未成键电子组合在一起形成一个含60个π电子的闭壳层电子结构,因此在近似球形的笼内和笼外都围绕着π电子云。

碳60大得可以将其他原子放进它内部,并影响其物理性质。另外,由于碳60有大量游离电子,所以若把可作β衰变的放射性元素困在其内部,其半衰期可能会因此受到影响。

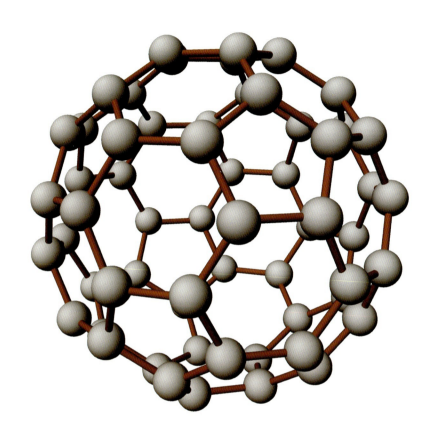

碳纳米管

碳纳米管是1991年1月由日本筑波NEC实验室的物理学家饭岛澄男使用高分辨率分析电镜从电弧法生产的碳纤维中发现的。碳纳米管是六边形组成的蜂窝状结构,它不总是笔直的,局部可能出现凹凸的现象。

碳纳米管是一种管状的碳分子,管上每个碳原子相互之间以碳—碳键结合起来,形成由六边形组成的蜂窝状结构作为碳纳米管的骨架。

每个碳原子上未参与成键的电子相互之间形成跨越整个碳纳米管的共轭π电子云。按照管子的层数不同,分为单壁碳纳米管和多壁碳纳米管。管子的半径方向非常细,只有纳米尺度,几万根碳纳米管并起来也只有一根头发丝宽,碳纳米管的名称也因此而来。而碳纳米管的轴向则可长达数十到数百微米。

碳纳米管不总是笔直的,局部可能出现凹凸的现象,这是由于在六边形结构中混杂了五边形和七边形。出现五边形的地方,由于张力的关系导致碳纳米管向外凸出。如果五边形恰好出现在碳纳米管的顶端,就形成碳纳米管的封口。而在出现七边形的地方,碳纳米管则向内凹进。

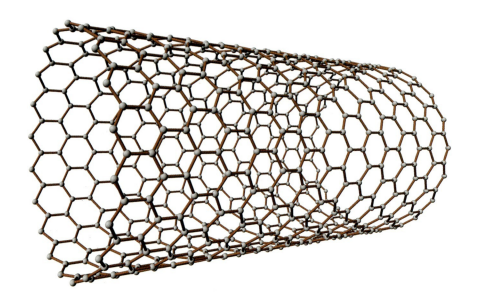

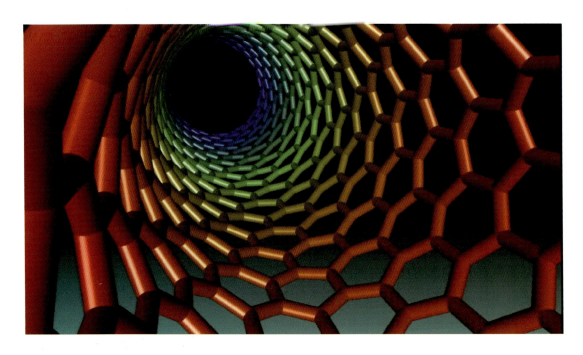

石墨晶体生长的艺术

Jaszczak对石墨晶体的微观结构进行了拍摄,获取的照片显示其呈现出六边形螺旋结构。

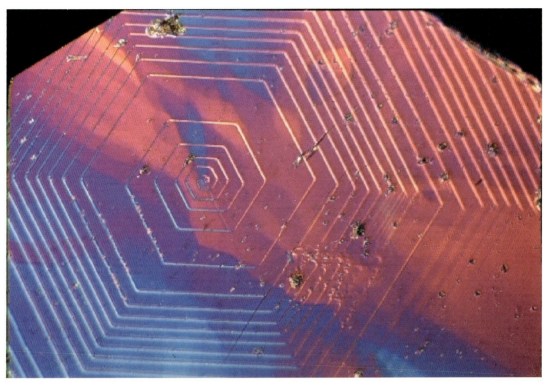

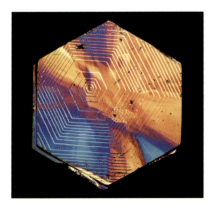
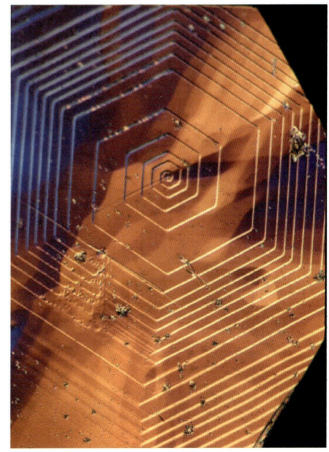

2 几何结构与物理世界 | 93

2.3 优美的晶体

晶体的规则结构

正离子的周围往往会根据其电子云的分布形成一个负离子的多面体结构,以达到稳定状态。

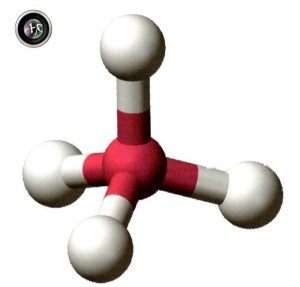

各种基本物质单元如原子、离子等通过它们之间的某种相互作用而结合在一起形成分子等,由于这些基本单元之间的数量、大小关系等的不同,而可以形成不同的结构。当构成物质的原子、离子或分子等在空间中做规则的二维排列时,就会在其宏观形态上体现出几何规则性,这就是晶体。

食盐晶体

硫化铁晶体

从水中析出的食盐晶体

"岩石糖"是将沾满糖颗粒的棍子浸入热的饱和糖溶液之后降温,使糖晶体在糖颗粒上生长而形成的糖的漂亮造型。

2　几何结构与物理世界 | 97

雪花晶体

美国加州理工学院的物理学教授Kenneth G. Libbrecht经过多年野外作业拍摄了许多雪花晶体的照片。温度和空气湿度不同的情况下，形成的雪花晶体的形状也不一样。这些精美的照片也揭示了一个事实，那就是世间不会有两朵一样的雪花。

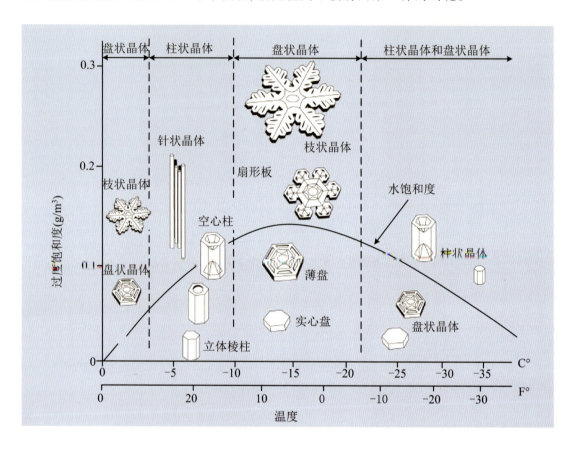

Kenneth G. Libbrecht教授研究雪花的物理形态已有好几年时间，主要是观察晶体变大和雪花组成的不同类型。他说："我试图搞清楚晶体成长的动力所在，一直分析到分子水平，这是个非常复杂的问题。"

这四张照片显示了雪花晶体融化的过程

他利用不同颜色的光照射晶体,冰晶结构就像复杂的棱镜一样将光线折射到不同的方向。光束的颜色质量越好,最后的照片效果就越有意思。

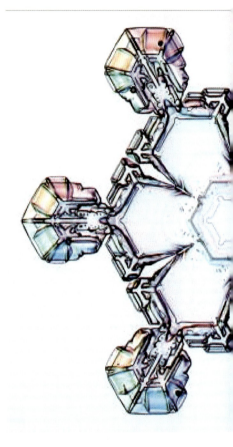

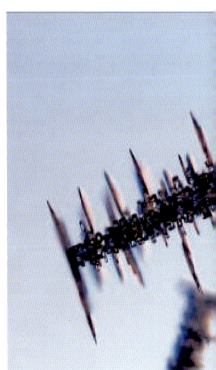

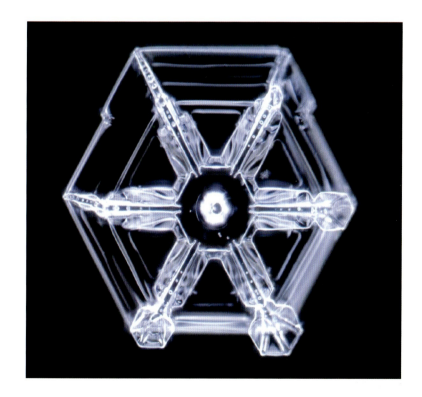

铁晶体雕塑

出自比利时著名建筑大师André Waterkeyn之手的"原子球"（Atomium），是1958年布鲁塞尔世博会的标志性建筑。这座原本只计划保留半年的巨型建筑如今已在布鲁塞尔市中心伫立了近50年，早已成为比利时最著名的旅游胜地之一。建筑物的每个圆球代表了铁分子的一个原子，9个原子球严格按照铁分子的正方体晶体结构制造，也象征比利时9省，由铝管连接而成。9球之间由自动梯相连接，圆球四周镶着巨大、明亮的有机玻璃，并装有数架望远镜，可同时供250位游客观光。整个总重量达2200吨的建筑物俨然是一个放大了1650亿倍的铁分子。

从2004年3月开始,该建筑闭馆进行大规模修缮,原本连接9个原子球的铝制管已经被替换成不锈钢管,使得整幢建筑又如当年那般光彩夺目。

置身于象征原子的球体中,鸟瞰布鲁塞尔的旖旎风光,实在让人心旷神怡。

晶体微观形态

Spike Walker使用一台显微照相机捕捉到了扑热息痛溶液中的晶体成长画面。人们可以从照片中黑色的矩形轮廓里观察到晶体成长。

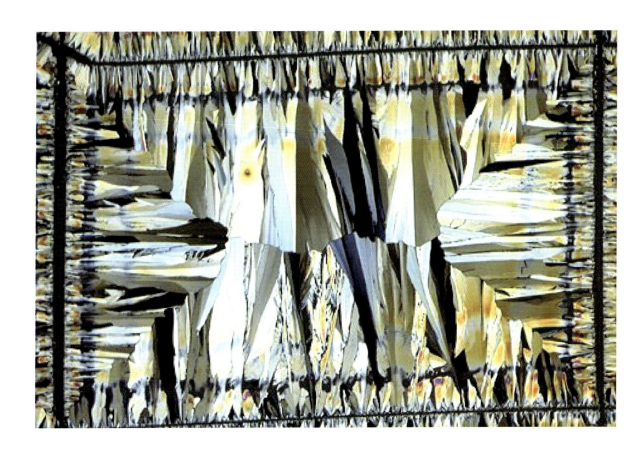

晶体的分形美学特征

Manfred Kage在偏振光下拍摄了二苯乙烯的结晶体,它具有像树叶一样的分支结构,呈现出一种分形的美学特征。

天气瓶：晶体形态对温度变化的反映

  樟脑、硝酸钾、氯化铵晶体在水与乙醇混合形成的溶液中，随着温度变化，三种物质的结晶析出、溶解速度有差异而造成了交互作用。而温度的变化速度，则会影响结晶的成长大小与结构，使得溶液晶体的析出会随着温度变化而产生各种各样的形态。

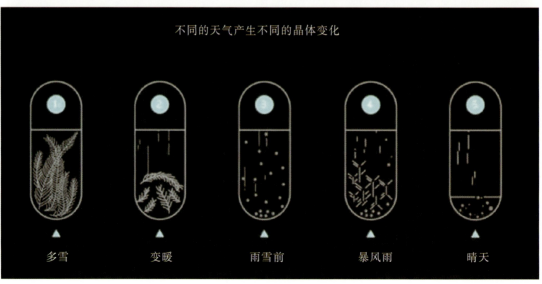

不同的天气产生不同的晶体变化

多雪   变暖   雨雪前   暴风雨   晴天

天气瓶的制作：准备10克樟脑粉（99%含量）、2.5克硝酸钾（99%含量）、2.5克氯化铵（99.5%含量）、40毫升酒精（99.5%）、33毫升蒸馏水（实验室用的蒸馏水）和一个容量为100毫升的玻璃瓶。先把樟脑粉倒入100毫升的玻璃容器里，然后将酒精倒入玻璃容

器中轻轻晃动至樟脑粉被酒精完全溶解,再将2.5克的硝酸钾与2.5克的氯化铵一起倒入同一器皿内,将33毫升蒸馏水倒入该器皿中,用搅拌棒进行搅拌。大约在一分钟后,硝酸钾和氯化铵才完全与蒸馏水融为一体。随后将器皿中搅拌好的液体倒入之前的玻璃容器中,轻轻摇晃。

Escher 晶体

中国科学技术大学合肥微尺度物质科学国家实验室的俞书宏教授和他的合作者们运用简单的化学配方制造了被誉为"几何明星"的优美的硫化铜十四面体微晶。让人回

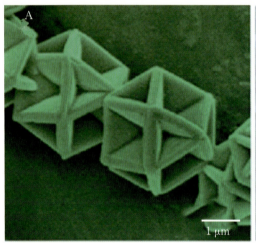

硫化铜十四面体微晶侧面图

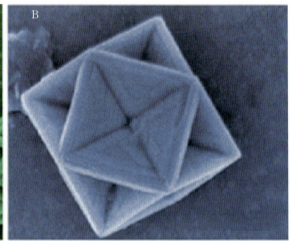

硫化铜十四面体微晶正面图

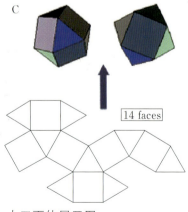

十四面体展开图

著名艺术家 M. C. Escher 在 Stars 中表现的"笼状"结构

Escher 晶体

忆起著名艺术家 M. C. Escher 在他 1948 年的木雕 Stars 作品中的多数特异结构的"笼状"结构，每个晶体都是由四个完全相同的六角形的板通过相互交叉构筑成功具有 14 个腔洞的结构。研究者称："令人惊奇的是，此处报道的如此简单的合成技术可以合成出如此优美，甚至一个技艺精湛的工匠也无法完成的微尺度物体的制造。"他们推想，这一特种微结构材料潜在的应用前景是可用作较大结构的构筑单元或用作在微尺度上包覆其他材料的载体。

金属晶体

高纯度的金属液体在缓慢冷却时，金属阳离子和自由电子会在晶格点上排列，从而形成结晶体。高纯度金属在冷却的过程中其原子会聚集成小的群集，形成许多晶粒，不同的晶粒有不同的分布方向，能够以不同的角度反射光线，从而产生不同的颜色，因此在高纯度的金属晶体上往往会有斑块。

而金属铋则会形成极其优美的结晶体，以下为 Theodore Gray 拍摄的铋晶体照片。

非晶态与非晶体

  晶态金属会由于其内部结构的有序金属原子容易在彼此之间滑动,而导致金属变软。如果让熔融的金属在瞬间冷却的话,金属原子就会来不及排列形成有序的晶体结构,而会被卡在紧密而无序的结构之中,形成牢固坚硬的非晶态结构,如锋利坚固的剑刃、手术刀片、金属手机壳,乃至飞船上的某些部件,都有采用非晶态金属的地方。非晶态金属可以通过淬火工艺(下图)获取。

也有一些物质虽然看似晶体,但实际上却不是晶体,如我们熟知的"水晶玻璃",是由硅和氧化铅(无铅水晶则采用氧化钾、氧化钡等)熔融而成的。而真正的水晶其实是二氧化硅的结晶体。

缺陷

晶体材料中有时会出现结构单元的错位或排列不整齐,乃至外来物的存在,这就导致晶体的"不完美",即缺陷。缺陷的存在会使得材料更加坚固,就像混凝土中由于砂石的混入而变得更加牢固一样。

海胆牙齿为何如此坚固:晶体之间的联锁形态

来自威斯康星大学的生物物理学家拍摄了海胆牙齿的显微照片,这张照片描绘了海胆牙齿上的结晶物质。由于构成它的晶体之间存在联锁形态,因此海胆的牙齿才显得特别坚固,以至于能用来打磨石头以建造它的遮蔽所。

10 μm

控制晶体生长过程中的结构形状

哈佛大学专事晶体生长研究的科学家维姆·诺丁（Wim Noorduin）使用溶解有钡盐和硅酸钠的一烧杯水溶液以及放入溶液中的一个平坦的小片，通过改变溶液的温度、pH以及二氧化碳浓度，从而控制晶体生长过程中的结构形状。当烧杯中的钡盐和硅酸钠溶液暴露于二氧化碳中时，花朵和茎叶便开始在金属平板上渐渐生长了。通过控制溶解于溶液中的二氧化碳浓度，就可以借此调节溶液的酸碱度，此外还可以对温度进行控制，借助这些手段，诺丁可以控制和引导从溶液中析出结晶体的形状，从而形成花瓶、茎叶和花朵。

3　奇异的结构：神奇的几何

3.1 双曲空间

双曲线

通过采用不同的角度截取圆锥可以获得正圆、椭圆、抛物线或双曲线,因此这些曲线又称为圆锥曲线。

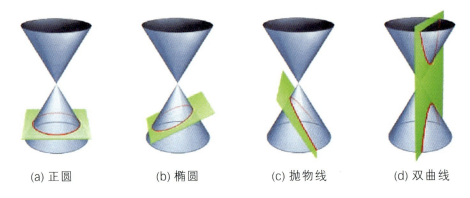

(a) 正圆　　　(b) 椭圆　　　(c) 抛物线　　　(d) 双曲线

双曲线有两条实渐近线,双曲线可以无限接近之但永远不能达到。

双曲几何及其特点

双曲几何又名罗氏几何(罗巴切夫斯基几何),是非欧几里得几何的一种特例,专门研究当平面变成双曲线造型之后的几何现象。

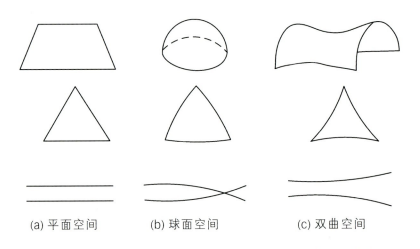

(a) 平面空间　　　(b) 球面空间　　　(c) 双曲空间

平面空间、球面空间和双曲空间里三角形和平行线的性质和状态

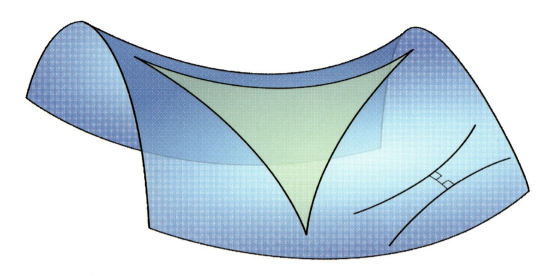

双曲面上的三角形和平行线

可以认为,平面空间就是我们直觉感受到的空间,球面空间反映了我们实际生存的地球表面的几何空间,而双曲空间则反映了宇宙中时空存在的形式。

欧式几何与双曲几何中一些性质的对比

欧式几何	双曲几何
同一直线的垂线和斜线相交	同一直线的垂线和斜线不一定相交
垂直于同一直线的两条直线或相互平行	垂直于同一直线的两条直线,当两端延长的时候,离散到无穷
存在相似的多边形	不存在相似的多边形
过不在同一直线上的三点可以作且仅能作一个圆	过不在同一直线上的三点不一定能作一个圆

定圆空间里的双曲几何

法国著名数学家 Henri Poincaré 发现,一个定圆的内部空间为双曲几何提供了一种特殊的模型,在这种模型里,双曲几何里的一条直线是这个定圆内部的一条圆弧,这条圆弧的两端垂直于定圆。这种几何又称为 Poincaré 双曲几何。

在定圆内,正交的弧对应于垂直的直线,但长度是变化的,越接近边界,相等的尺度用越短的圆弧来表示,如果达到边界,那么离圆心的距离就变得无穷远。

定圆内双曲平面分成无穷多个全等的三角形,所有这些三角形,在双曲几何里形状、大小完全相等,包括接近于圆边缘的无穷个更小的三角形。

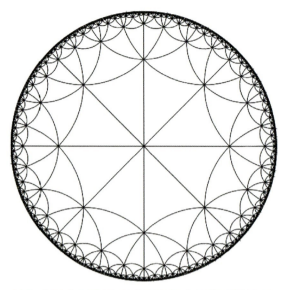

定圆内双曲平面分成的无穷多个全等的三角形

美国新泽西州的艺术家兼艺术史学家 Irene Rousseau 对双曲几何的这种边界具有无限结构的美学特征在他的作品《Hyperbolic Diminution-Blue》中采用马赛克雕塑进行了表现。

Irene Rousseau 作品《Hyperbolic Diminution-Blue》

Thurston 的双曲面纸

为了对普通空间和双曲空间的区别有一些直观的认识，William Thurston 提出了一种双曲面纸的模型，它的构建方式如下：在每个点周围放置七个等边三角形，并且将其做成一个曲面，如果一直在每个点周围放置七个等边三角形，就可以扩大这个有很多褶皱而变得松散的曲面。离开原点越远的地方褶皱越多，在每个点的周围双曲空间比欧几里得空间"多"。

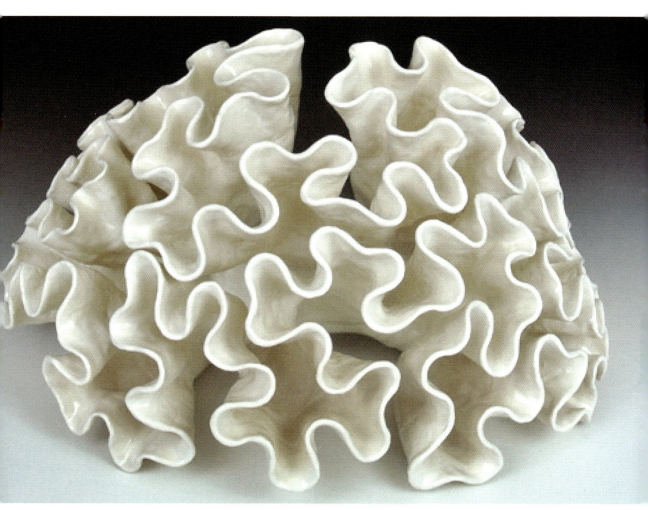

Robert Fathauer 创作的体现 Thurston 双曲面纸思想的作品

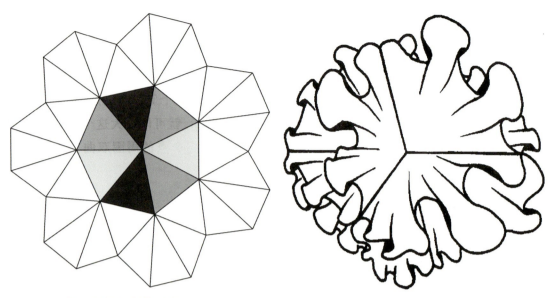

| Thurston 的双曲面纸制作过程 | Thurston 的双曲面纸效果 |

毛线钩编的双曲空间

鉴于 Thurston 的双曲面纸在制作上的特点，一些艺术家寻求使用毛线钩编的方法来表现双曲空间，Diana Taimina 创作了一系列双曲钩编作品。

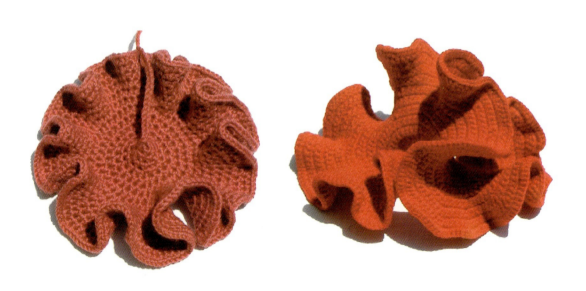

表现双曲空间的雕塑

雕塑家 Brent Collins 也采用雕塑的手段对双曲空间的特征进行了表现。

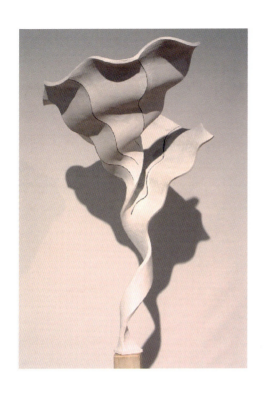

基于定圆双曲空间的镶嵌艺术

普通平面上的各种规则形状镶嵌可以推广到双曲平面,著名数学艺术家M. C. Escher在双曲镶嵌的基础之上创作了一系列名为《圆的限制》的作品,在双曲空间中,作品里任何两只蝙蝠或任何两条鱼,都有着相同的尺寸。

Don Hatch对此进行了系统的研究,并且获得了双曲平面上的多种规则镶嵌图案。

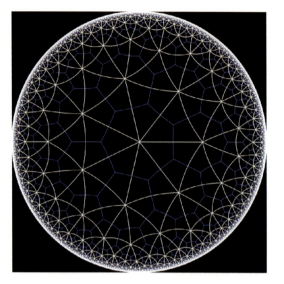
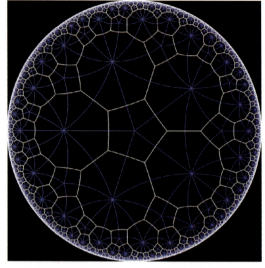
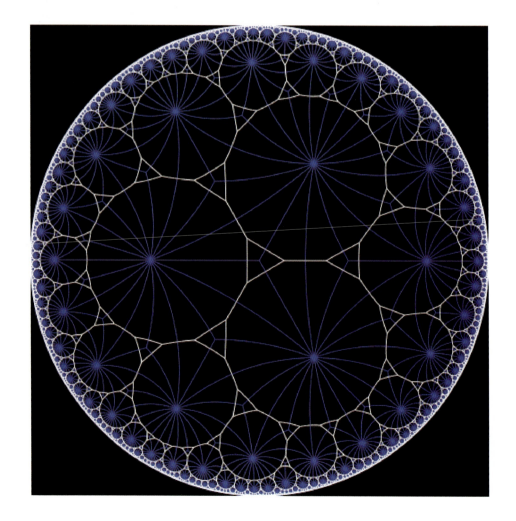

三维双曲空间

正十二面体是一种可以填满空间的多面体，Charlie Gunn 将正十二面体对空间的填充拓展到三维的双曲空间，下图为从其中一个正十二面体内部看到的景象。

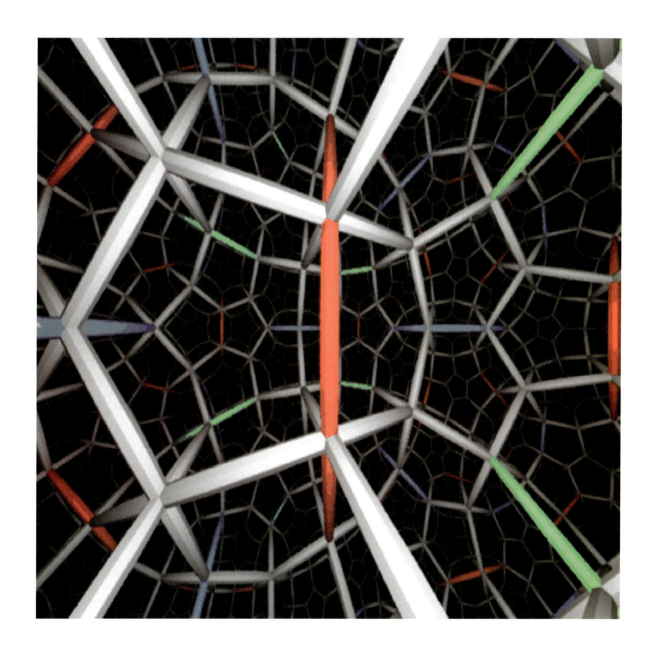

而 Martin Bucher 则将平坦视角的宇宙模型转换到三维的双曲空间。

3.2 高维几何

高维多面体艺术

了解四维空间

维数是对空间的几何广延性的一种量度。传统经典的几何学对空间维数的定义都是整数。我们生活在三维空间,要三个独立参数才能确定我们的位置。

一个数学世界可以存在于一个点、一条线、一个平面、一个空间或一个超立方体(四维立方体)中。每一个高维包含那些比它低的维,但是每一个低维本身就可以成为一个世界。设想你生活的世界是在一个平坦的面上,你不能向上或向下看。三维生物只要从上面或下面进入你的领域,就能够在你根本不知道的情况下进入你的世界。

对应数学中的元素:点是零维的,线是一维的,面是二维的,体是三维的。

零维的点 A 沿 X 方向移动到点 B,路径为一维的线段 AB。

一维的线段 AB 沿 Y 方向移动到线段 DC,路径为二维的正方形 $ABCD$。

二维的正方形 $ABCD$ 沿 Z 方向移动到正方形 $EFGH$,路径为三维的立方体 $ABCD\text{-}EFGH$。

三维的立方体 $ABCDEFGH$ 沿 T 方向移动到立方体 $A_1B_1C_1D_1E_1F_1G_1H_1$,路径为四维的超立方体 $ABCDEFGH\text{-}A_1B_1C_1D_1E_1F_1G_1H_1$。

超立方体是一种类似于三维空间中立方体的四维空间中的立方体,分布在正方体周边的6个面也是这个正方体的"边界",对于超立方体而言,则有8个三维正方体分布在这个四维超正方体的"周边"。下图中所有的图形,都是各个维度的图形在二维平面上的投影,而不是真正的"原图"。

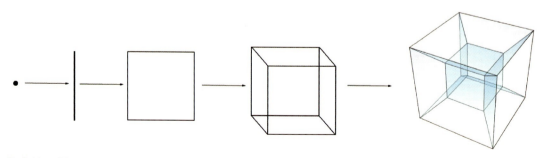

维度的延展

超立方体动画

早期的计算机艺术家 A. Michael Noll 于 1960 年创作了基于旋转的四维超立方体在三维空间中投影的动画作品。

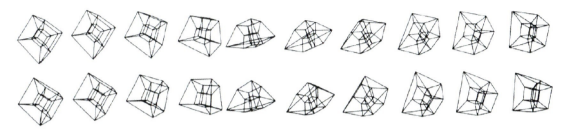

超立方体动画

展开的超立方体与达利的绘画作品

在超现实主义画家达利创作的宗教画《受难的耶稣》中，耶稣受难的十字架被描绘成了一个展开的超立方体。这种非常形状的十字架更强调了基督身躯浮离的效果，它暗示存在于更高层次上的另一种实在。达利凭借天才般的想象力，在绘画上营造出了惊人的幻想世界，他对科学概念先知般的觉察力，令人不可漠视。

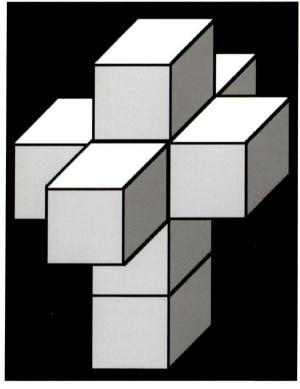

展开的超立方体

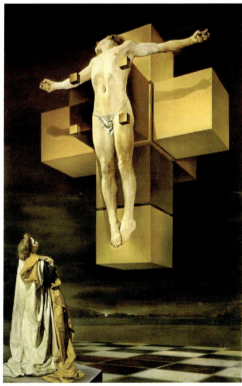

《受难的耶稣》

高阶魔方与高维魔方

魔术方块是匈牙利建筑学教授和雕塑家厄尔诺·鲁比克于1974年发明的机械益智玩具,传统的3阶三维魔术方块能实现432 520 032 274 489 856 000种状态。2014年圣诞期间,Brando公司推出一个13阶(13×13×13)的魔方原型,极大地拓展了玩魔方的难度。

Don Hatch与Melinda Green编写程序将魔术方块推广到四维空间,但这已经是一个非常巨大的数字了,而这种四维里的魔术方块可以实现多达1 756 772 880 709 135 843 168 526 079 081 025 059 614 484 630 149 557 651 477 156 021 733 236 798 970 168 550 600 274 887 650 082 354 207 129 600 000 000 000 000种独立的状态。Roice Nelson与Charlie Nevill则实现了五维空间里的魔术方块。

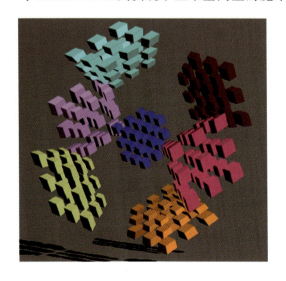
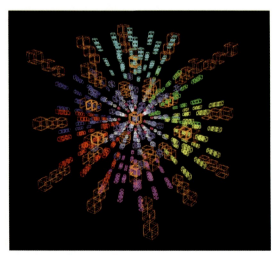

多胞形：高维多面体

"胞"是指一个作为更高维物件的一部分的三维元素。正则多胞形是正多边形和正多面体的高维度推广，包含正多边形和正多面体。

在四维空间里只有如下五种正则多胞形：

4简单体，由5个正四面体构成，每条边为3个正四面体共用；

超立方体，由8个立方体构成，每条边为3个立方体共用；

16胞，由16个正四面体构成，每条边为4个正四面体共用；

120胞，由120个正十二面体构成，每条边为3个正十二面体共用；

600胞，由600个正二十面体构成，每条边为5个正二十面体共用。

George W. Hart 以及 Carlo H. Séquin 都采用多胞形在三维空间正投影的框架结构的形态进行了雕塑造型的制作。

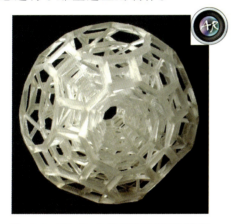

George W. Hart 的超级多面体雕塑

高维多面体造型是一种内部有多重镶嵌的结构，为了将这种结构变成现实雕塑，George W. Hart 和 Carlo H. Séquin 都使用了三维打印技术，他们首先在计算机软件里将造型设计好，然后进行三维打印，形成实际的模型。

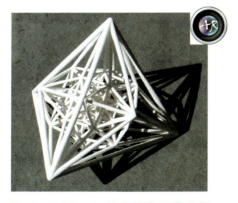
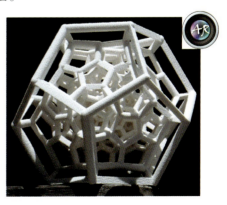

Carlo H. Séquin 的高维多面体雕塑

Polytope

多伦多大学的教授 H. S. M. Coxeter 发展了 Polytope 的理论,即在 N 维空间中由一定数量的超平面构成的有限区域。

下图则是由600个顶点、1200条边构成的高维星体在平面上的对称投影。

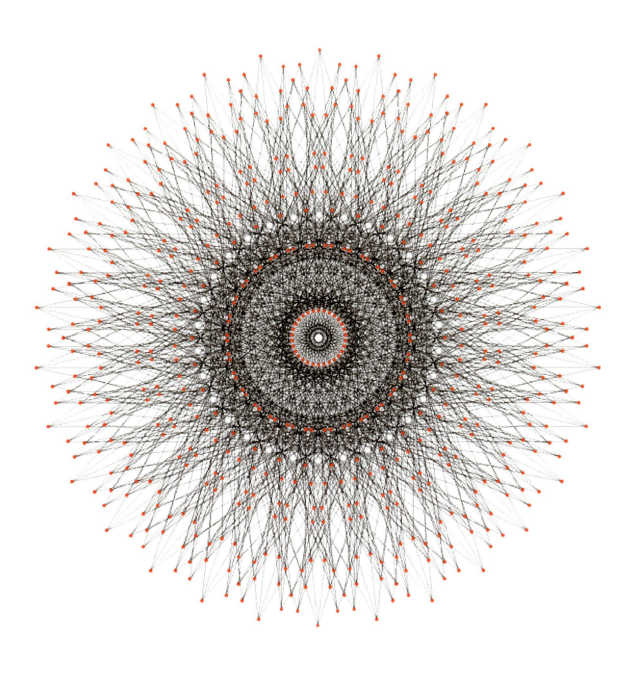

高维空间里的物理理论

1919年，Theodor Kaluza发现，如果将爱因斯坦的广义相对论由四维伸展到五维，所得的方程式就会包含广义相对论以及麦克斯韦的电磁理论。后者用来描述电磁力，而爱因斯坦的广义相对论则用来描述重力。

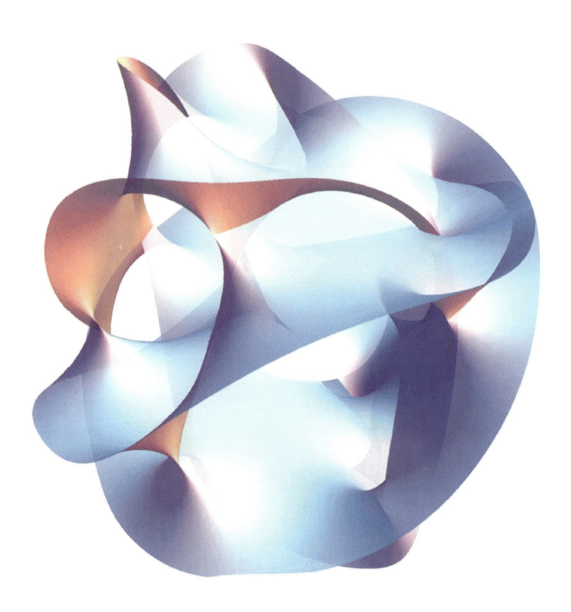

而弦理论的一种分支M理论则认为，我们存在的空间是十一维的，除了我们熟悉的长、宽、高以及时间维度，其余的则是蜷曲到几乎看不见的维度，这种维度叫作卡-丘流形（Calabi-Yau Shape）。

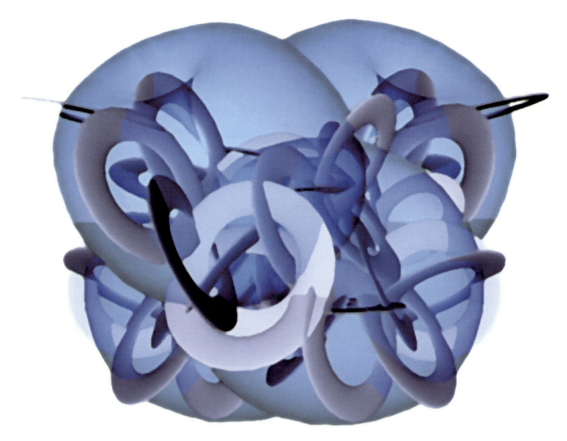

卡—丘流形（Calabi-Yau Shape）在三维空间上的投影

3.3 拓扑几何

拓扑学

拓扑学是19世纪形成的一门数学分支，它主要研究几何图形在连续变形下保持不变的性质，在拓扑学里每一个图形的大小、形状等元素都可以弯曲、改变。因为大量自然现象具有连续性，所以对许多实际事物的研究都可以转换为对拓扑学的研究。通过对拓扑学的研究，可以阐明空间的集合结构，从而掌握空间之间的函数关系。

拓扑学与其他学科的结合产生了一系列新学科，如大范围变分法、规范场理论、拓扑度理论等。拓扑学应用于其他学科更是取得了大量成果。近几十年来，拓扑学在经济学、物理学、化学、生物学等领域也有直接和间接的应用，它与各数学领域、各科学领域之间的边缘性研究方兴未艾。

拓扑等价在三维中的应用

在拓扑学里没有图形全等的概念,而是讨论拓扑等价的概念。比如,尽管圆和方形、三角形的形状、大小不同,但在拓扑变换下,它们都是等价图形。

法国数学家 Henri Poincaré 在1904年提出了著名的 Poincaré 猜想:任何一个封闭的三维空间,只要它里面所有的封闭曲线都可以收缩成一点,这个空间就一定是一个三维圆球。

拓扑等价的概念在三维建模中有着重要的用途,在计算机三维建模过程中,无论多么复杂的造型,都可以以简单的几何体如立方体、球体等为基础,通过对其拓扑结构的改变而得到;而另外一方面,各种影视中复杂炫目的三维变形动画往往也就是拓扑结构变换而产生的动画。

在一个球面上任选一些点用不相交的线把它们连接起来,这样球面就被这些线分成许多块。在拓扑变换下,点、线、块的数目仍和原来的数目一样,这就是拓扑等价。一般地说,对于任意形状的闭曲面,只要不把曲面撕裂或割破,它的变换就是拓扑变幻,就存在拓扑等价。

点集拓扑结构

20世纪以来,集合论被引进了拓扑学,为拓扑学开拓了新的面貌。拓扑学的研究就包含了关于任意点集的对应的概念。

点集拓扑在网络拓扑结构的研究中有着重要的用途,可以用于直观地指示网络中各个节点间相互连接的形式。

1. 网络数据拓扑图

Internet 数据分析协作组织(CAIDA)的 Young Hyun 开发了一种名为 Walrus 的工具。这种工具可以将大型的数据在欧几里得三维投影到双曲空间中生成分层的图形,

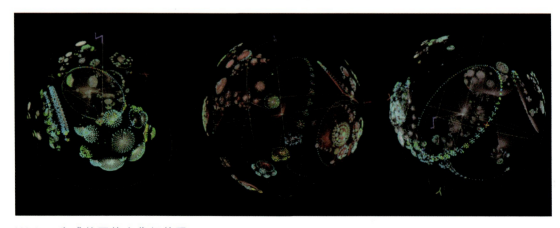

Walrus 生成的网络点集拓扑图

Walrus再根据用户提供的数据计算图形的布局,生成的图形呈现鱼眼状失真,中心附近的物体被放大,而那些靠近边界的则被缩小,把图的各地放大到中部区域,则用户可以审视每一部分的详细图。Walrus生成的拓扑图形抽象而优美,像是从一个虚幻的球体中绽放出来的朵朵奇葩。

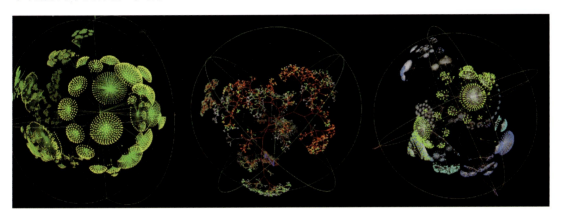

Walrus生成的网络点集拓扑图

2. Internet地图

Bell实验室在1998年夏天启动了一个名为"Internet地图"的项目,旨在保存Internet的拓扑数据,从而用于研究网络路由的问题及变化,以及应对DDOS攻击等,早期的结果看上去像是孔雀将挡风玻璃撞得粉碎而形成的效果。

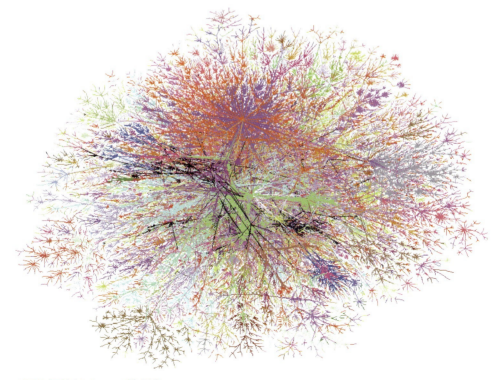

1998年的"Internet地图"

3. Opte 项目

Opte 项目是另外一个由 Barrett Lyon 负责的关于 Internet 拓扑图的项目,它使用 Alex Adai 的 LGL(Large Graph Layout)引擎对 Internet 数据及各种数据进行建模,进而分析 IP 地址空间的分配情况以及浪费的情况,同时用于检测和监视自然灾害、气候和战争的结果。Opte 获得的是一个关于人类信息社会的抽象结构,它却又令人感到如此的亲切——在这个抽象的拓扑图上每个五颜六色的细线的端点,都有一个真实的人正坐在电脑桌前面工作着。

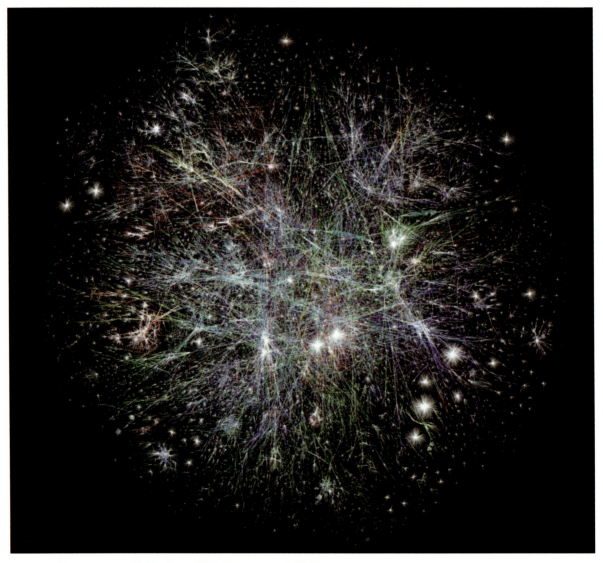

Barrett Lyon 作品:Opte 创建的 Internet 拓扑图

Mobius 环

我们平常讲的平面、曲面通常有两个面,就像一张纸有两个面一样。但德国数学家 Mobius(默比乌斯)(1790~1868)在 1858 年发现了一种单侧曲面——Mobius 曲面。它可用一条纸带将一端扭转 180°(或者 180°的奇数倍),然后将两端黏结起来表示,如下图所示。这样形成的带,既没有内面,也没有外面,内面和外面相结合形成一个连续状态,成为只有一条边和一个面的几何模型,叫作 Mobius。Mobius 带的发现是近代拓扑学的起点之一。

如果沿着 Mobius 环的中间剪开,将会形成一个比原来的 Mobius 环空间大一倍的,具有正、反两个面的环,而不是形成两个 Mobius 环或两个其他形式的环。

Mobius 环

Mobius 带启发了宇宙学家,很多宇宙学家认为宇宙可能是一个三维"Mobius 带",这样的宇宙时空中任何一点与其他的点都是相通的,即整个宇宙时空是相通的,任何一点都是宇宙的中心,也是宇宙的边缘,宇宙时空中的任何物质也都是一样的,都处于宇宙的中心,也都处于宇宙的边缘。

1. 单侧边的 Mobius 带

有时候 Mobius 带可以和一个普通曲面连接在一起,从而形成具有单侧边的 Mobius 带,也就是单侧曲面。

单侧曲面可以有多条棱,而 Mobius 带本身就是一个有一条棱的单侧曲面,单侧曲面的每条棱就是一个 Mobius 带的扭转部分,这些棱可以打结,还可以互相连通,从而形成复杂的空间结构。

以下是伦敦科学馆数学分馆中的具有单侧边的 Mobius 带作品。

2. Mobius传动带

Mobius带作为汽车风扇或机械设计的传动带,在工业上有着特殊的重要性。三个转轴即可绷紧一个Mobius传动带,它比传统的传动带在磨损方面表现得更加均匀,同时可做到方向传动。Mobius拓扑结构还被应用到很多实用专利上去,比如不间断留声机(1920年)、传送带(1949年)、热传输材料(1952年)等。

Catherine Leah Palmer作品:Mobius传输带

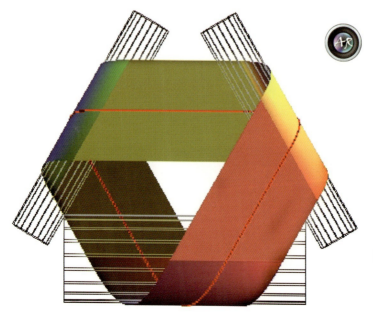

Mobius传输带示意图

基于Mobius带能够实现均匀磨损的特征，它的结构还可以被用于生活用品围脖的设计中。

3. Mobius齿轮

Mobius与齿轮结合,能够产生高度灵活的功能和结构。一些创作者描绘了一些精彩的概念化的Mobius齿轮。

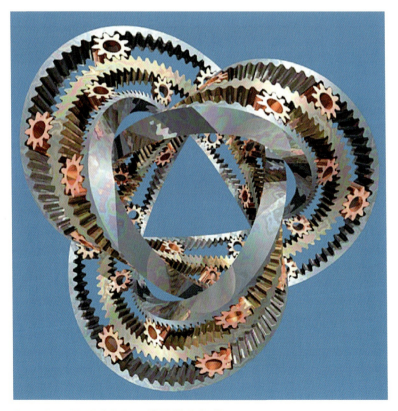

Tom Longtin的Mobius齿轮概念作品

Carlo H. Séquin 的 Mobius 齿轮概念作品

Baraka 的 Mobius 齿轮概念作品

4. Mobius 棋盘

Mobius 棋盘,长度是无限的,但宽度只有四格,没有任何隐藏的格子,白女王在左边,黑色国王和王后在右边,整个棋盘形成一个连通的回路,不用担心兵卒的方向。

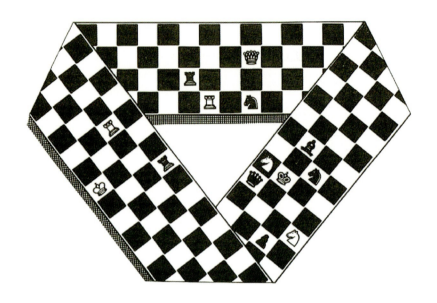

5. Mobius 漫画

Jim Woodring 巧妙地利用 Mobius 的结构,在一个 Mobius 纸带上绘制出了可以从不同位置循环观看的漫画。

6. Mobius 迷宫

David Phillips 利用交错的单侧 Mobius 环设计了一个迷宫,你能够找出这四只苍蝇不相遇而且也不走回头路(直到它们回到出发点)的路径吗?

7. Mobius 电阻

一个 Mobius 电阻是由两个被绝缘材料隔着的导电表面经过180°扭曲后连接形成的 Mobius 带，它使得电阻没有残余自感，这意味着电阻器可以在抗拒电流的同时不产生磁干扰。

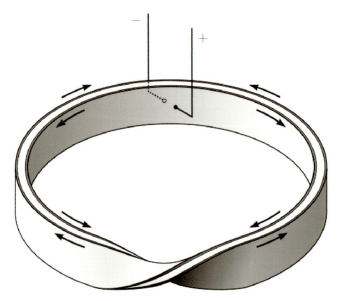

8. 沿中线切开的 Mobius

如果 Mobius 带沿其中线切开，得到的将仍然是 Mobius 带。基于这种有趣的特性，Carlo H. Séquin 和 Keizo Ushio 分别创作了一系列沿中线切开的 Mobius 的雕塑作品。

Carlo H. Séquin 作品

Keizo Ushio 作品

9. Mobius带分割的圆环

如果使用Mobius带对圆环进行分割,则可以得到两个互相扣在一起的半环。

Carlo H. Séquin作品

Keizo Ushio作品

10. Mobius带分割的Mobius

Keizo Ushio还尝试了使用Mobius带对一个三维结构的Mobius雕塑进行分割,得到的是两个并排不连接但是互相扣在一起的Mobius造型。

Keizo Ushio作品

11. Mobius分子

1982年已全合成了第一个具有Mobius带的分子,这全合成是理论和实践结合的一个典范,用Mobius的概念去解释芳香性及电环化反应,可以说是拓扑学进入有机化学的开端。

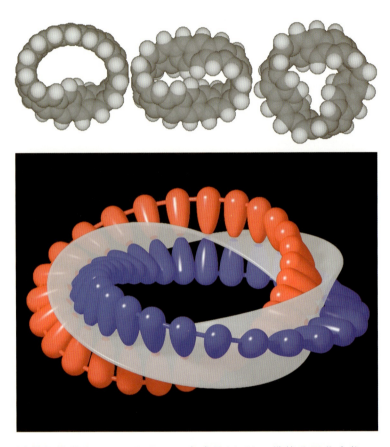

计算机化学家 Henry S. Rzepa 合成的 Mobius 带状分子化合物

Klein瓶

1. Klein瓶造型的获取

数学领域中,Klein(克莱因)瓶是指一种无定向性的平面,比如二维平面,就没有"内部"和"外部"之分。克莱因瓶最初的概念是由德国数学家菲利克斯·克莱因提出的。克莱因瓶和Mobius带非常相像。克莱因瓶的结构非常简单,一个瓶子底部有一个洞,延长瓶子的颈部,并且扭曲地进入瓶子内部(真正的克莱因瓶是四维结构,无需这一步),然后和底部的洞相连接。和我们平时用来喝水的杯子不一样,这个物体没有"边",它的表面不会终结。它也不类似于气球,一只苍蝇可以从瓶子的内部直接飞到外部而不用穿过表面（所以说它没有内、外部之分）。

　　如果把 Klein 瓶对称地刨开，分成两半，则得到的每个单独的部分又成为一个 Mobius 带。

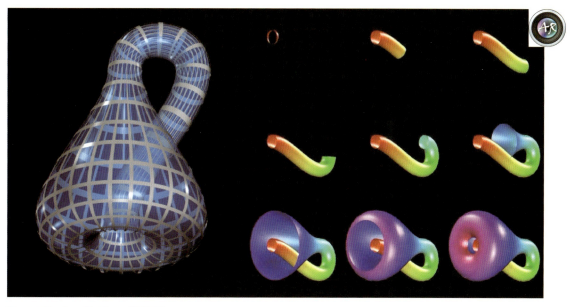

David Kaplan 的 Klein 瓶作品

2. Klein 瓶玻璃造型

　　Klein 瓶在三维空间的投影造型受到了许多艺术家的青睐，由于它是一种"瓶子"造型，因此一些艺术家制作了瓶状和杯状的 Klein 瓶玻璃造型。

　　Acme Klein Bottle 公司的艺术家 Cliff Stoll 制作了各种形状的 Klein 瓶玻璃造型，他甚至还在 Toronto's Kingbridge 中心以及 Killdee 科技玻璃公司的帮助下制作出了目前世界上最大的 Klein 玻璃瓶。

Cliff Stoll 制作的 Klein 瓶玻璃造型

3. Banchoff Klein 瓶

除了我们上面看到的克莱因瓶的模样，还有一种不太为人所知的"8字Klein"瓶，如果把它切开，那么横截面呈"8"字形状。Carlo H. Séquin 基于这种造型设计的雕塑作品，它看起来和上面的曲面完全不同，但是在四维空间中它们其实就是同一个曲面——克莱因瓶。

"8字Klein"及其截面　　　　　　　　　　　　　　Carlo H. Séquin作品

4. 联体的 Klein 瓶

着迷于曲面理论的法国艺术家 Patrice Jeener 与法国数学家 Edmond Bonan 一起发展了一种由两个乃至三个、四个 Klein 联体构成的 Klein 瓶造型，这种造型与传统的 Klein 瓶具有相同的拓扑属性，但是在视觉和思想上给人更多的享受和启发。Jos Leys 对这种 Klein 瓶进行了渲染。

Bonan-Jeener 发展的联体 Klein 瓶，Jos Leys 渲染

5. 嵌套的联体 Klein 玻璃瓶

Alan Bennett 是英格兰 Bedford 的一个玻璃艺术家。几年以前，他对诸如 Mobius 带和 Klein 瓶这样的拓扑造型产生了浓厚的兴趣。当数学家们试图以计算解决问题的时候，他利用玻璃为媒介进行研究，制作了大量嵌套结构的联体 Klein 玻璃瓶，并且它们成为了伦敦科学馆数学分馆中的永久展品。

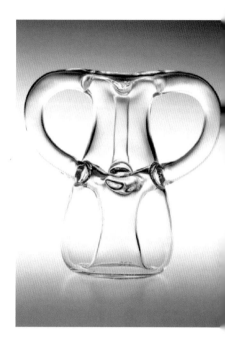
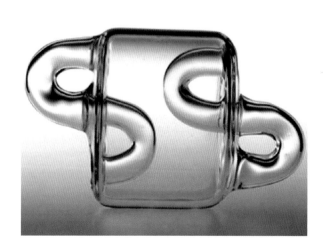

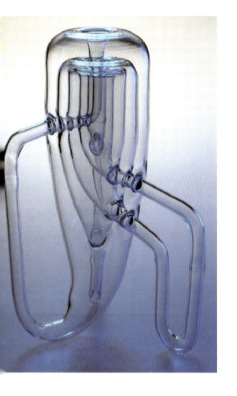

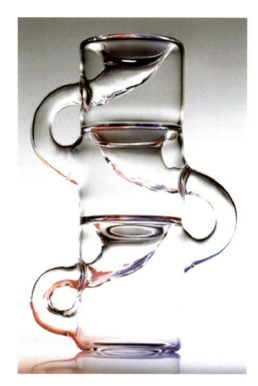
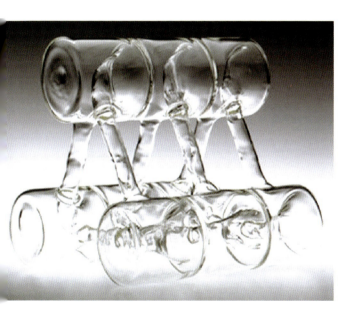

3 奇异的结构:神奇的几何

Hilbert 曲线

1. Hilbert 曲线

将一个正方形四等分,并将得到的四个小正方形的中心依次连接,得到一个 U 字形的折线;然后,将每个小的正方形再细分为四个相同的小正方形,并依次连接各小正方形的中心……按照以上的方法不断细分下去,并一一连接,就可得到 Hilbert 曲线。

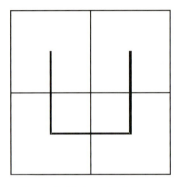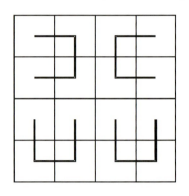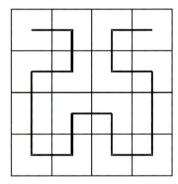

Hilbert 曲线的生成过程

2. 3D 的 Hilbert 曲线

而当这种结构拓展到三维空间时,即可获得 3D 的 Hilbert 曲线,Carlo H. Séquin 利用 3D 的 Hilbert 曲线的造型制作了雕塑。

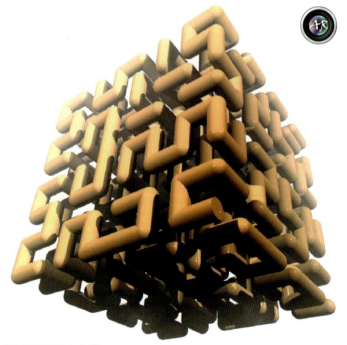

3D 的 Hilbert 曲线

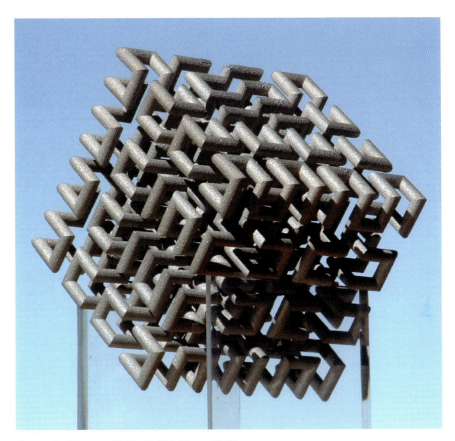

Carlo H. Séquin 作品：三维 Hilbert 雕塑

3. 3D 的 Hilbert 艺术

Tom Longtin 对三维 Hilbert 作品造型进行艺术化的表现所创作的作品,如在展开的超立方体造型上生成的三维 Hilbert 造型(下左图),以及表面布满了二维 Hilbert 曲线的三维 Hilbert 管(下右图)。

Tom Longtin 作品：三维 Hilbert

结

结的理论是拓扑学的一个非常新近的领域,数学的结是一种没有端头的圈,这种圈不能形成圆,一个"结"如能变形为无扭转、无自交的形式,即变为一个圈,那它就不是结。

许多近代的内容与结的理论有着令人兴奋的联系,结的结构可用于描述不同的可能出现的交互作用,例如分子生物学、分子物理学等。在这些领域,科学家们正用数学家在结的理论方面找到的新的技巧来研究DNA的结构。研究发现,一股DNA带能够形成圈或结。据此,科学家们能够判定一股DNA带是否会出现在另一股的前面。他们还制定出一系列连续的步骤,依此将DNA带变形为一种特殊的模式,从而预测未观察到的DNA结构。上述发现对于遗传工程学大有帮助。类似地,在物理学里纽结理论对于研究类同结那样的粒子的相互作用也大有帮助。

而结在中国古代还有着悠久长远的历史,从远古时代的结绳记事到"心有千千结"、吉祥的"音结",同时结还广泛应用于服饰。中国结中还有一类被认为是通神灵的法物,可达到驱邪避灾、镇凶纳吉、祛阴护阳等功效,如"吉祥结""盘长结"等。

与分形一样,也可以通过计算机产生结的三维图形。

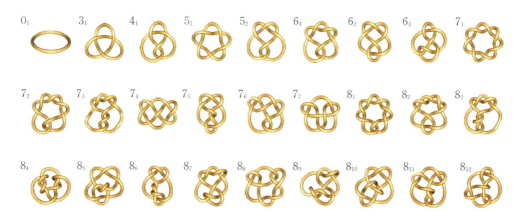

与此同时,结还可以构成复杂的圆环。

结构成的圆环

1. 三交叉结

三交叉结是指只有三次交叉的结,这也是最简单的一种节,有左旋和右旋两种情况。Tom Longtin的作品分别是左旋的三交叉结和构成右旋三交叉结的Mobius带。

Tom Longtin表现三交叉结的作品

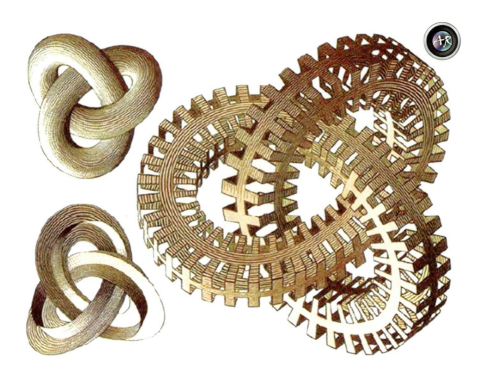

著名版画家 Escher 表现三交叉结的作品

2. 结的缠绕装饰

Tom Longtin 作品如下图所示,为缠绕在结上面的结。

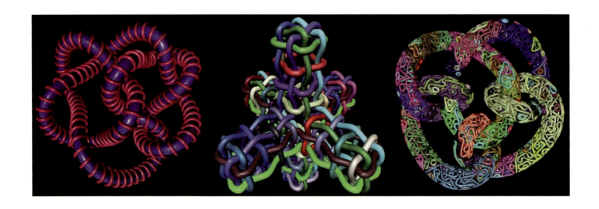

3. 塞尔特结

这是一种像螺旋似地相互绞绕、彼此连动的绳节,Rob Scharein 采用电脑软件对这种绳节进行了艺术化的表现。

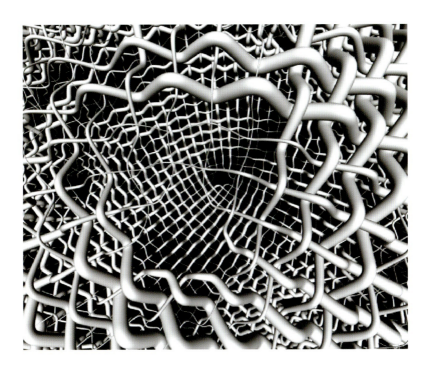

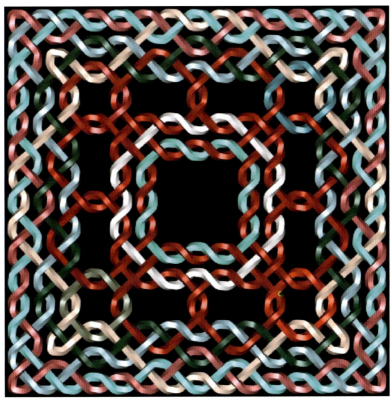

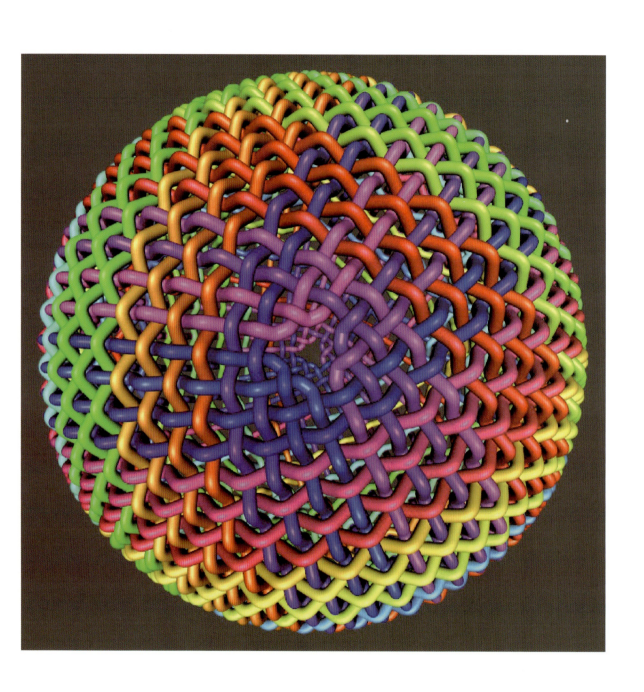

Rob Scharein 创作的塞尔特结

4. Antoine 项链

Antoine 项链是由 Louis Antoine 发现的一种构成元素互不相连的欧几里得空间中的拓扑嵌套结构。下图中的 Antoine 项链是由 20 个(20 个(20 个(20 个环绕成的环)绕成的环)绕成的环)绕成的环。

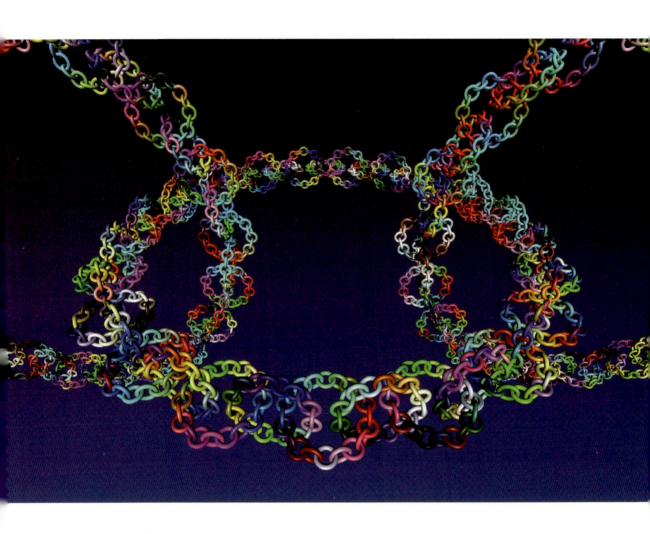

4 万物形态的规律：分形

4.1 分　　形

分形

著名理论物理学家John Wheeler说过,在过去,一个人如果不懂得"熵"是怎么回事,就不能被说是科学上有教养的人;在将来,一个人如果不能同样熟悉分形,就不能被认为是科学上的文化人。

分形是一种无限复杂但具有一定意义下的自相似图形和结构的图形,例如大树与其上的树枝在形状上是相似的,构成自相似关系。花椰菜、树木、山川、云朵、脑电图、材料断口等都是典型的分形。

Alfredo Matacotta的作品《Nature》拍摄的是花椰菜的局部,这是一个典型的自然界中存在的分形结构。

1. 分形的由来

从20世纪50年代起，数学家Benoit B. Mandelbrot就开始思索一种新的几何学，他试图通过这种几何学统一描述自然界、人类社会中普遍存在的各种不规则现象，如流体湍动、曲折的海岸线、多变的天气、动荡的股市、经济收入分配关系、棉花的价格波动等。严格地说，那时候他自己也不明确自己在找什么，甚至不知道要找的是一种新的几何学。

1975年的一天，Mandelbrot翻看儿子的拉丁语课本，突然受到启发，决定根据"fractus"创造一个新词，于是有了"fractal"这个英文单词。同年他用法文出版了专著《分形对象：形、机遇与维数》，1982年又出版了此书的增补本，改名为《大自然的分形几何学》。

2. 由简单形状生成的经典分形

(1) Cantor 三分集

每次去掉线段中间的 1/3,最后剩下的东西就是 Cantor 三分集。

(2) Peano 曲线与 Hilbert 曲线

能够通过正方形内的所有点,能够填充空间,十分曲折,连续但不可导,具有自相似性,可以拓展到三维空间。

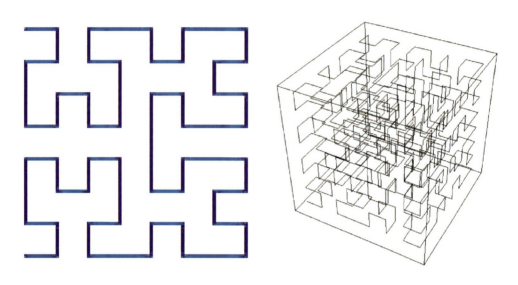

(3) Koch 曲线

使用正三角形作为原始形状,然后使每一个边中间 1/3 向外折起,于是生成了一个有 6 个角、12 个边的对象,在此基础上,将每个小边中间 1/3 去掉并向外折起。以后重复此操作。经过无穷次操作就得到极限图形 Koch 曲线。

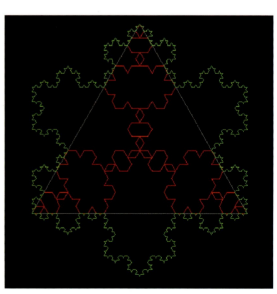

（4）Durer 五边形

首先画出一个正五边形，然后沿每边向外再作五个正五边形，这样又构成了另一个更大的正五边形轮廓。

（5）Sierpinski 地毯

取一个大的正三角形，连接各边的中点，得到四个完全相同的小正三角形，挖掉中间的一个，然后将剩下的三个小正三角形按照上述办法各自取中点、各自分出四个小正三角形，去掉中间的一个小正三角形，依次类推，不断划分出小的正三角形，同时去掉中间的一个小正三角形。

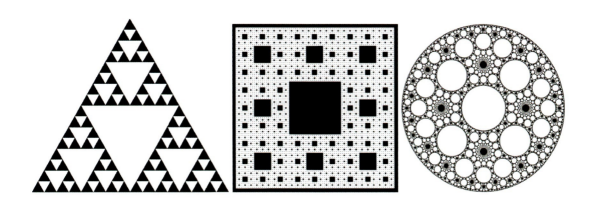

Sierpinski 地毯可以推广到各种形状乃至三维结构，这种三维结构称为 Menger 海绵。

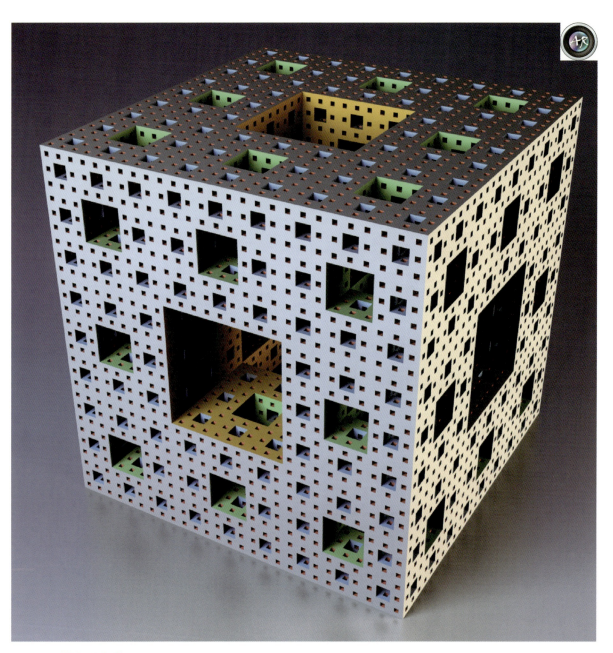

Niabot 作品

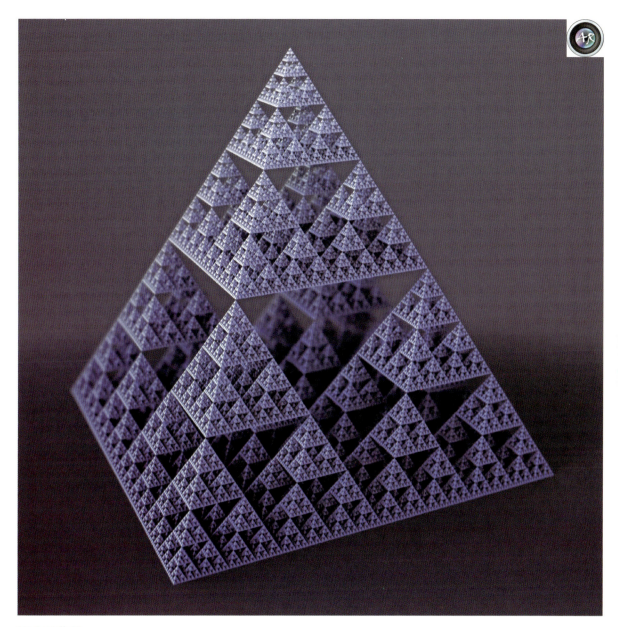

Niabot 作品

3. 自相似性

分形的局部与整体在形状上是相似的,当我们把一个分形的局部放大之后,会发现得到的形状跟放大之前相似,这就是分形的自相似性。自然界中的很多物形特征也具有自相似性的特点。

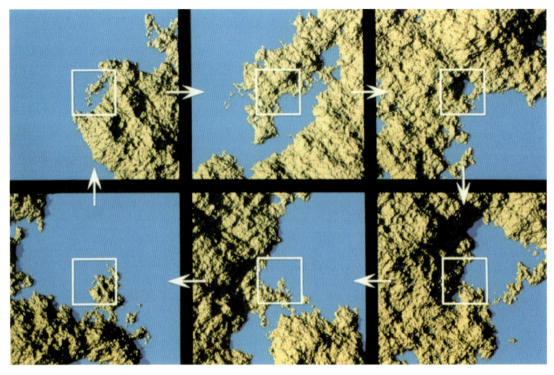

具有自相似性的海岸

迭代与分形

1. 牛顿分形

求高于5次的代数方程$f(x)$的精确解是件很难的事情,这时可以用牛顿法进行逐次逼近来求方程的近似解。

求解8次方程产生的牛顿分形

求解6次方程产生的牛顿分形

2. 递归分形

由递归所描画的图形不仅仅是分形，这种图形在执行描画函数之后再进行递归，所以具有直线和圆滑曲线部分，这类图形比到处弯曲的分形图形显得更加协调，在一些应用领域更加有价值。

Georg Mogk采用递归方法获取的雪花状分形作品《Golden Section》

3. 三维分形

三维分形可以使用几何形体按照特定的算法进行迭代变换得到，下页图为Thies

Heidecke 对三维基本结构单元进行迭代得到的作品《Resurrection of Golden Section》。

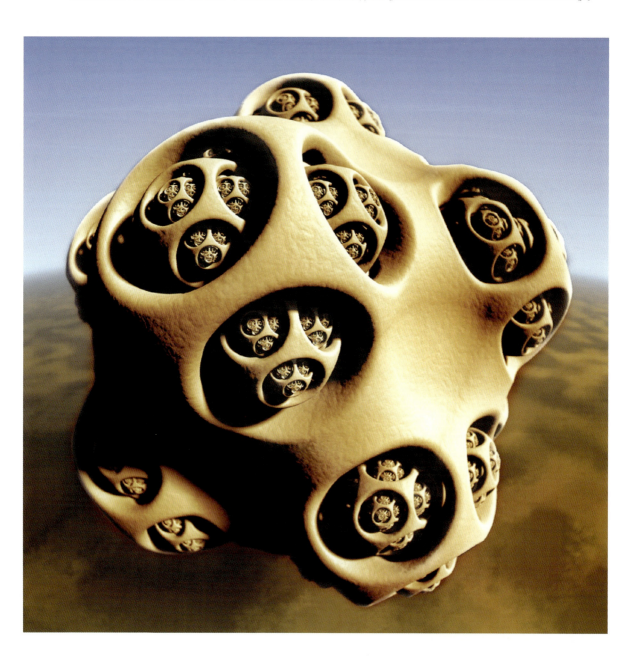

4. IFS 分形

在基于单一方程式迭代的分形中,其形态往往偏于单调,Michael Barnsley 提出的 IFS 分形将分形迭代单元模块化,使得人们可以使用多个某种迭代方程的模块在画面上构建可以手工控制的复杂造型。下页图为将 Sierpinski 地毯迭代单元作为 IFS 中的模块,通过对这些模块以不同的方式进行组合之后得到的结果。

IFS 分形中,局部是整体的一个复制品,只是在大小、位置和方向上有所不同而已。

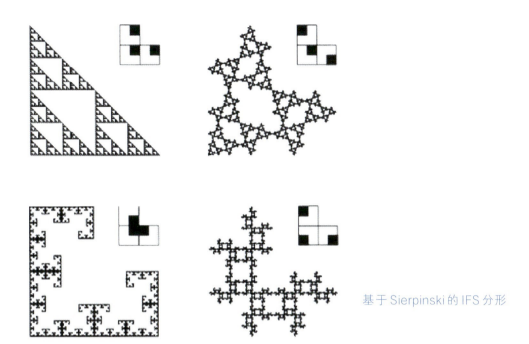

基于 Sierpinski 的 IFS 分形

Mark Townsend 基于 IFS 分形生成的秋叶

复映射分形

在复平面上对简单的多项式进行迭代能够生成美妙的分形图形。

1. Mandelbrot 集合

Mandelbrot 集合（Mandelbrot Set，或译为曼德布洛特复数集合）是一种在复平面上组成分形的点的集合，以数学家 Mandelbrot 的名字命名。

Mandelbrot 集合是在复平面上迭代二次函数产生的，M 集合实际上是方程中的常数构成的图像。

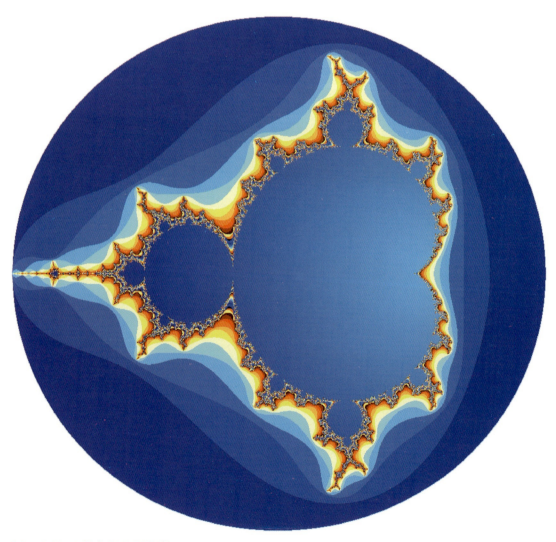

Mandelbrot 集合的典型形态

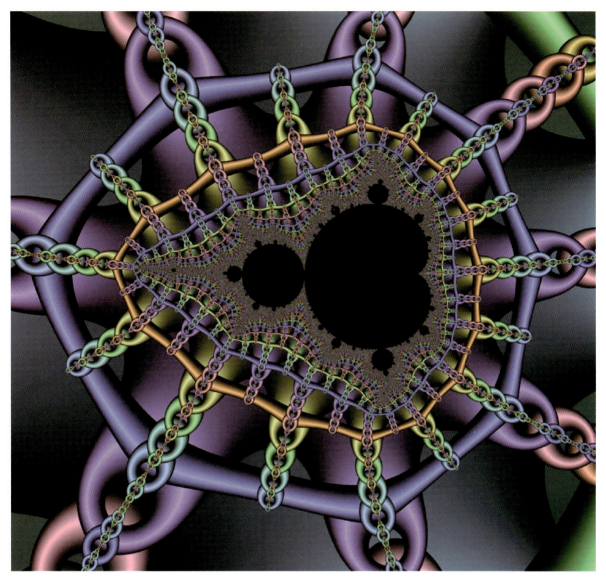

Mandelbrot 集合产生的图像

2. Julia 集与广义 Julia 集

朱利亚集合是一个在复平面上形成分形的点的集合,以法国数学家加斯顿·朱利亚(Gaston Julia)的名字命名。朱利亚集合可以由方程式在一个复常数情况下反复迭代得到,这一序列可能发散于无穷大或始终处于某一范围之内并收敛于某一值。我们将使其不扩散的集合称为朱利亚集合。

Julia集的典型形态

广义 Julia 集

3. 高维 Julia 集

在二维复平面中表示复数只用两个基向量——1 和 i。在四维空间中的超复数即"四元数"(Quaternions)有四个基向量——1,i,j 和 k。任一复数可以表示为 $q=x+y\mathrm{i}+z\mathrm{j}+q\mathrm{k}$。

超复数基向量之间的运算关系为

$$\mathrm{ij}=\mathrm{k},\ \mathrm{jk}=-\mathrm{i},\ \mathrm{ki}=-\mathrm{j},\ \mathrm{ji}=\mathrm{k},\ \mathrm{kj}=-\mathrm{i},\ \mathrm{ik}=-\mathrm{j},$$
$$\mathrm{ii}=\mathrm{jj}=-\mathrm{kk}=-1,\ \mathrm{ijk}=1。$$

4 万物形态的规律：分形 | 175

在四维空间 $H(1,i,j,k)$ 中也可以研究迭代 $Z_{n+1}=Z_n^2+C$ 下的超 Julia 集，选一个截面，将其投影到三维空间中，可以得到立体的 Julia 集图像。

4.2　自然界中的分形

地球上的分形形态

从 Google Earth 中看到的地球表面上部分国家和地区的分形结构如后面几幅图所示。

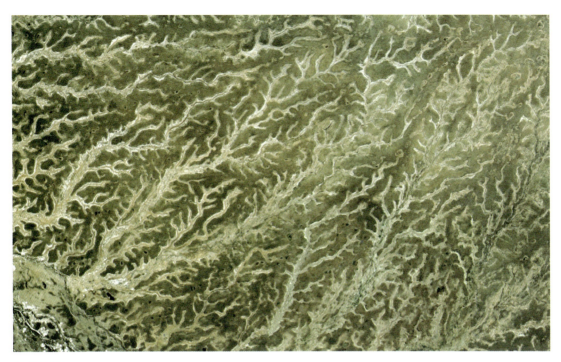

澳大利亚

安哥拉

西班牙

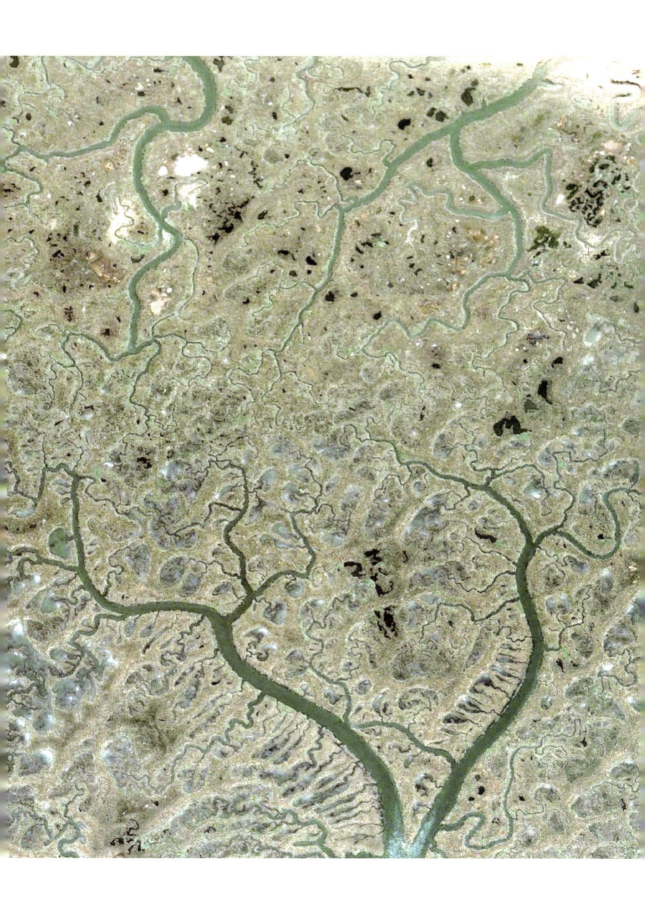

美国加利福尼亚

4.3 模拟生物系统的分形

林氏系统

林氏系统(L-System)是 A. Lindenmayer(1925～1989)1968年为模拟生物形态而设计的,可以模拟植物形态,特别是能很好地表达植物的分支结构,用最精简的信息描述并表达了一类非常复杂的分支系统,比如植物和神经系统。后来史密斯于1984年、普鲁辛凯维奇于1986年,分别将它应用于计算机图形学,引起了生物学界和计算机界人士极大的兴趣。

L系统实际上是字符串重写系统。我们把字符串解释成曲线（或者更准确地说，称作图形），于是只要能生成字符串，也就等于生成了图形。从一个初始串（叫作公理）开始，将变换规则多次作用于其上，最后产生一个较长的命令串，用它来绘图。作用一次，称作一级（Order），一般说来选择的级数不宜太高，通常选2~8级。

　　如今，林氏系统已经在许多重要的三维造型软件中广泛地应用于花草树木、森林等带有分支结构的植物系统的高效率建造中。

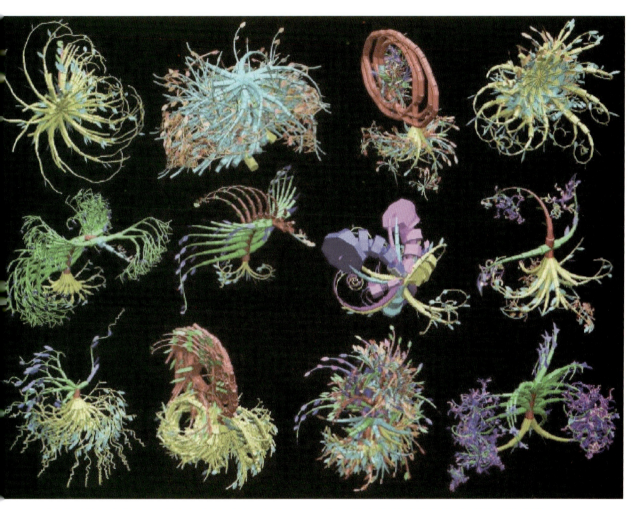

Alan Turing、John von Neumann、Christopher Langton 等人使用林氏系统生成的虚拟生物

扩散置限凝聚模型

扩散置限凝聚（DLA）模型是林氏系统的一种特殊情况，由 T. A. Witten 和 L. M. Sander 两位物理学家在1981年建立，可以模拟霜花、雾凇、珊瑚、细菌等的生长规律。

圆平面上的扩散置限凝聚模型

DLA模型的思想是,假设某种形状点阵的中央先放入一个静止粒子,在区域边界随机释放一个新粒子,粒子做无规行走,如果碰到中央的粒子则凝聚不动;如果再次碰到外边界则不再考虑它,这时在区域中再产生一个新粒子,同样做无规行走,碰到中间已存在的粒子则凝聚,如此循环下去。

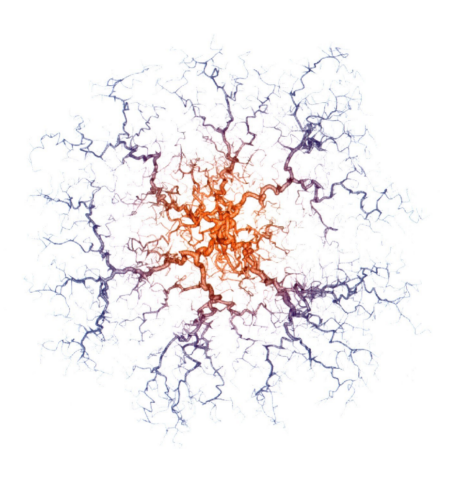

三维扩散置限凝聚模型

艺术家Andy Lomas曾为《黑客帝国：重装上阵》和《黑客帝国：矩阵革命》两部影片负责研究模拟生长过程的视觉特效，让影片中的Smith先生侵吞他人身体时的动画看起来像是器官组织物的蔓延。他的作品《聚合》采用扩散置限凝聚模型创作，作品中黑白两色的"组织物"像珊瑚礁一样，在一个虚拟的球体中"生长"。

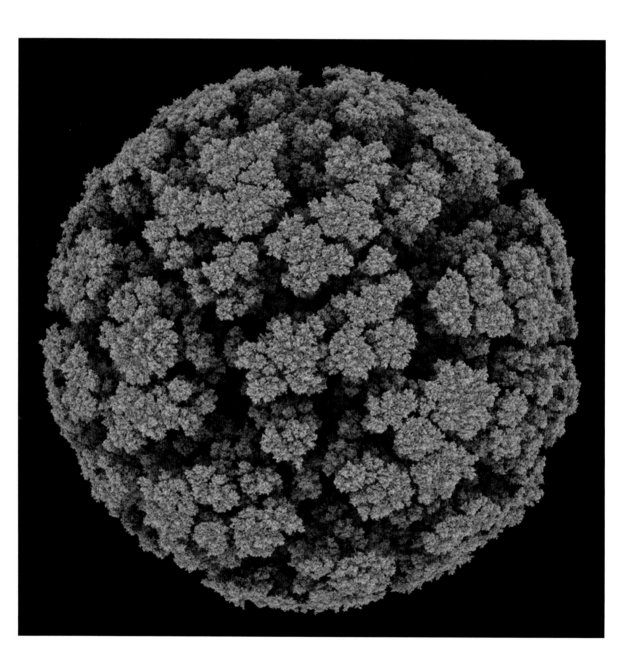

5 自然界中美丽图案的秘密

5.1 动物的美丽纹理从何而来

自然界中,许多生物的表面有着优美的纹理图案,从空中飞舞的蝴蝶到地面奔跑的豹子、斑马、长颈鹿等。动物园里,皮毛色彩斑斓的斑马、东北虎、金钱豹和大熊猫对小朋友们来说也有着巨大的吸引力。

蝴蝶翅膀以及豹子皮毛的优美图案

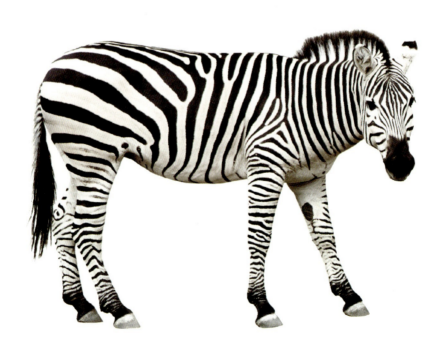

深深海洋之中,更是有许多美丽的鱼类,长着令人惊艳的纹路。

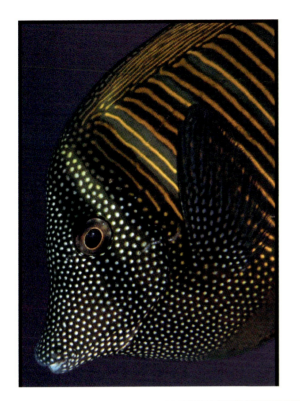

科学家对皇帝神仙鱼和斑马鱼的研究表明,鱼类表面纹理的变化一直伴随着它整个生命周期。

发育生物学家认为,动物的胚胎在发育时,某些基因会释放出不同颜色的化学物质(色素),分布在皮肤之下,使动物表面呈现出各种颜色。那么色素是如何形成动物身上的斑纹的呢?

生物数学家詹姆斯·默瑞(James D. Murray)认为,动物身上的图案可能是反应扩散机理(Reaction-Diffusion)造成的。反应扩散系统根据自己的法则来生成和控制从分子级别到宏观级别的结构,能生产各种规格的斑点和条纹图案,如贝壳上的图案也是在这种过程中形成的。

那么反应扩散系统的法则是什么呢?
请看下一小节的介绍。

5.2 控制生物图案的上帝之手

1952年,被誉为"计算机之父"的阿兰·图灵(Alan Turing)发表论文《形态发生的化学基础》(*The Chemical Basis of Morphogenesis*),建立了反应扩散系统的模型和方程式以解释生物表皮图案形成的机制。

在反应扩散模型里,图灵使用一种由两种可扩散并相互反应的物质构成的简单系统,来再现胚胎上图案产生的机制,并且发现这种机制能够自主地产生空间图案,这种图案又被称为图灵斑图。

反应扩散模型最具革命性的特征在于其引入了一种可以产生形态的因素的反应机制,如果仅仅是扩散的话,产生形态的因素往往会形成梯度条纹,如下图所示。

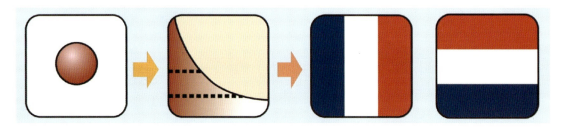

如果扩散过程包含两种产生形态的因素,则会形成交错或倾斜的条纹。

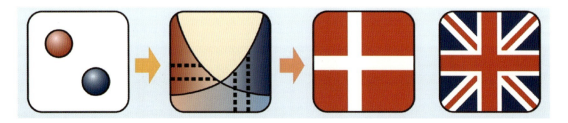

而如果产生形态的因素之间会相互反应的话,则往往会形成各种复杂的图案。

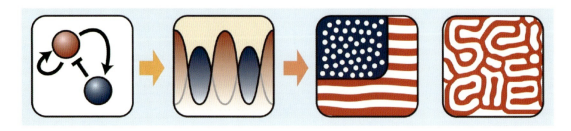

在一些自然现象中,也体现着反应扩散系统的影响,如火灾蔓延的宏观情形和沙漠里纹路的形成。

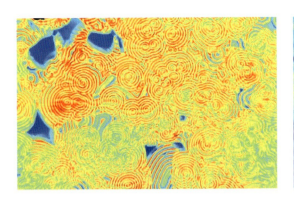
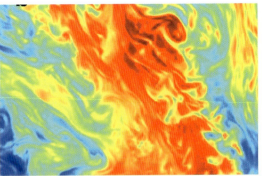

甚至于在宇宙的微波背景辐射分布中,也存在着类似的影响。

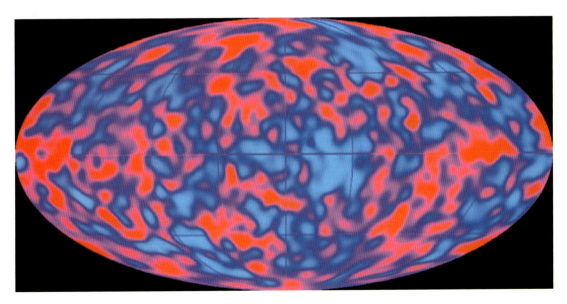

而生物的成长是一种复杂的生物化学反应过程,其中可能有几十、上百甚至更多的化学物质参加反应。但是在生物体某一局部(如器官、组织,甚至细胞)的反应,可能主要就是少数几种化学成分起决定性作用的。

动物胚胎形成时,不同颜色的色素按照化学物质的浓度进行排序,因此表皮色彩呈现出我们看到的形状。这种图案的纹理跟其所产生的表面的大小、形状以及部位都有关系,在粗壮的身体部位比较容易形成斑点,而在细长的身体部位则比较容易形成横条纹。这有点类似液滴在圆柱形容器内壁附着的情形,在液滴黏度相同的情况下,内径大的容器内壁上或玻璃平板上液滴更容易形成斑点状,而在容器内径很窄的情况下,液滴则比较容易占据容器内壁的一小段,形成条纹状结构的液柱。当然,实际的过程比这要复杂得多。

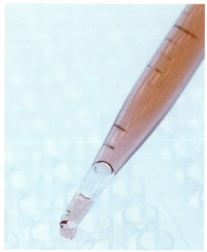

根据这种规则,在豹子尾巴上的图案跟在其身体上的图案是有差别的:其身体上的图案更多是斑点形的,而尾巴后部的则有可能会是一圈一圈的。而蛇的表皮呈现细长状,因此蛇的纹理较多呈条纹状,较少呈斑点状,而且蛇的条纹多是横条纹,较少是竖条纹。

没有身体是条纹而尾巴是斑点的动物

图灵发现,动物的斑纹当中,存在着令人意想不到的一致性:所有斑纹都可以用同一类型的方程式来产生,该方程被称作反应扩散方程。

对于同一种动物而言,反应扩散方程组在身体和尾巴上的作用都是一样的,而尾巴长宽比例远大于身体长宽比例,所以如果身体是条纹,尾巴就不太可能是斑点了,如东北虎的身体是条纹状的,其尾巴也会是条纹状的,而金钱豹则尾巴和身体都是斑点状的,有的甚至在尾巴末端也会形成条纹状。

5.3 无生命物质中的奇迹

长时间以来,科学界一直认为,无生命的化学物质里绝对不会自发地产生图案生成过程,但是试验证明这是错误的。

1958年,苏联化学家Belousov发现含有溴酸盐、柠檬酸、硫酸和铈离子的溶液进行反应时,反应物浓度呈现出周期振荡的性质,溶液在无色和淡黄色两种状态间进行着规则的周期振荡。

1961年,莫斯科大学生物物理学的研究生Zhabotinsky用丙二酸代替柠檬酸,得到了更为清晰的化学表述。之后人们就把有机酸和溴酸盐发生的类似反应称为Belousov-Zhabotinsky反应,简称B-Z反应。

B-Z反应属于反应扩散系统的一种特例,并且可以使用相关的理论进行研究。

B-Z反应是由3个不同的反应组成的化学振荡反应。每个反应都有不同的分子和离子,当加入特定的化学成分后,首先触发第一个反应,所产生的生成物可以触发第二个反应,随后第二个反应的生成物又可以触发第三个反应,第三个反应的生成物再触发

第一个反应,由此循环往复。

B-Z反应中,各个不同的反应会产生不同的颜色,因此可以形成交替的波纹,MIT的科学家Felice Frankel对B-Z反应过程中的艺术形态进行了精心的拍摄,如下图所示。

在一些自然界中无生命的事物,如雨花石、大理石或玛瑙上面,也会呈现出类似的波纹状的美丽纹理。

B-Z反应中观察到的螺旋波(Spiral Wave)和同心波(Target Wave),可以在反应扩散方程组的某些解中发现。

但是化学家们发现已知的许多B-Z反应都倾向于出现波型斑图,而并不是图灵最初预计的斑点和条纹。直到20世纪80年代末到90年代初,法国波尔多大学和美国得克萨斯大学的两组科学家终于设计出了一种空间开放型化学反应器,使得系统内只有反应和扩散过程在进行,而他们的结果提供了第一个图灵斑图的实验例子——CIMA(氯—碘—丙二酸)反应。

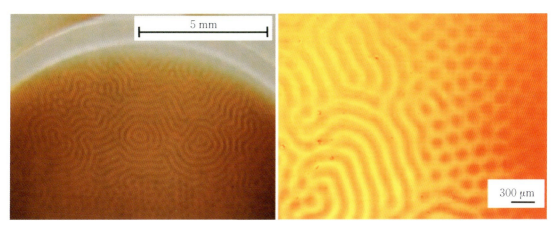

CIMA(氯—碘—丙二酸)反应产生的斑图

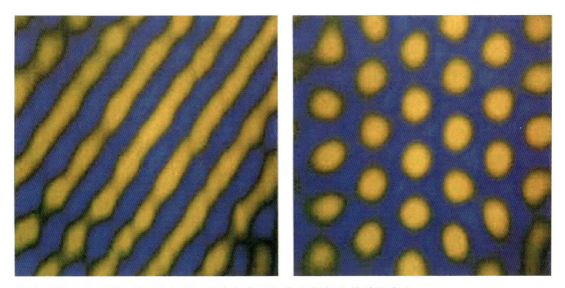

CIMA(氯—碘—丙二酸)反应可以产生与斑马和豹子相似的纹路和斑点

生物体系中也存在着各种振荡现象,如糖酵解是一个在多种酶作用下的生物化学振荡反应,通过葡萄糖对化学振荡反应影响的研究,可以检测糖尿病患者的尿液。心脏的规律跳动也呈现类似B-Z反应的振荡现象:即便很小的梗塞都会导致致命的心脏疾病,对这种规律的了解能够帮助人类战胜心肌梗死。

B-Z反应的模式甚至还可以用于预测与解决某些社会活动和经济行为。

5.4 掌握上帝之手：设计与模拟

基于对反应扩散系统的研究，一些科学家可以通过化学过程进行微图案的设计，如 Bartosz A. Grzybowski 和 Kyle J. M. Bishop 等人采用氯化钴、三氯化铁、氯化铜、硝酸铒等进行反应，生成如下图所示的各种美丽图案。

三氯化铁/氯化铜/硝酸铒
（质量分数为7%：7%：7%）

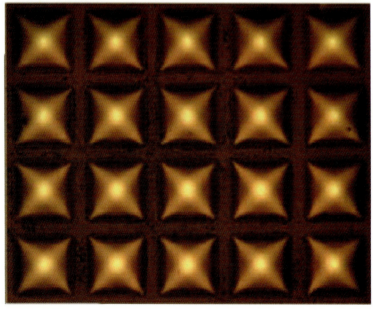

氯化钴/三氯化铁/氯化铜
（质量分数为5%：5%：5%）

氯化钴/氯化铜（质量分数为5%∶5%）

将质量分数为15%的硝酸银溶液滴入10 μm厚、掺有重铬酸钾的明胶层后生成的图案

你能够相信吗？上面这些具有高度几何美感的美丽图案竟然是出自化学反应，而不是使用计算机进行的数学设计！

除了可以通过化学反应中的反应扩散过程来设计图案之外，一些研究者还使用声波、震动和磁场等手段来作用于某些介质，以产生反应扩散过程，并且形成优美的图案。

如下图为 Robert Hodgin 基于 Gray Scott 反应扩散方程通过程序对电磁场进行控制，并且将所产生的动态磁场作用于一种特殊的磁性液体而产生的图案。（注：磁性液体是一种将磁性微粒通过特殊手段分散到油性介质里形成的溶液，其形状能够在磁场的作用下发生变化。）

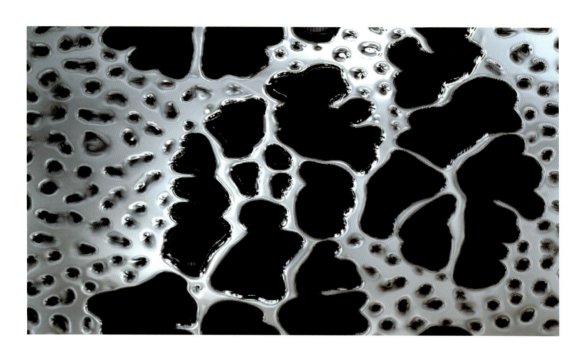

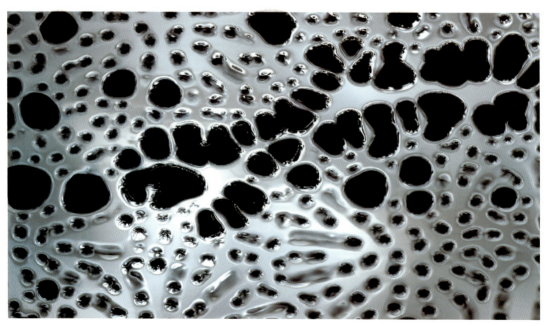

反应扩散系统与自然界中各种美丽的图案密切相关,它已经被研究了超过一个世纪,许多科学家还设计了反应扩散系统的模拟软件,下图为Theodore Kim 与 Ming C. Lin模拟的反应扩散系统生成的图案。

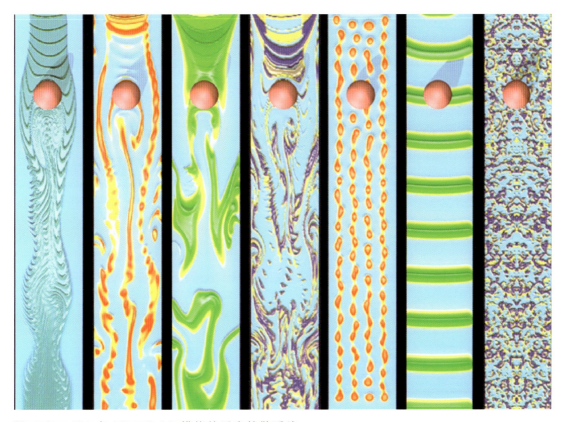

Theodore Kim 与 Ming C. Lin模拟的反应扩散系统

Nervous System网站则基于反应扩散系统生成优美的装饰图案,并且将其应用于茶杯及台灯罩等物品的制作中。

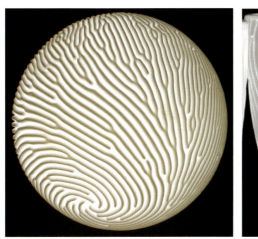

反应扩散系统还可以在三维空间中生成或模拟,如下图为 Miha 使用 gierer-meinhardt 反应扩散算法生成的模型及三维打印出来的实物。

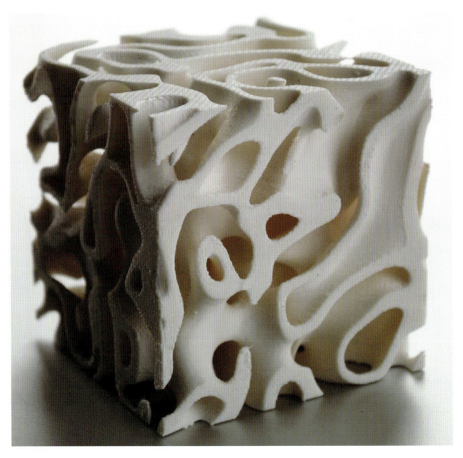

参考文献
REFERENCE

[1] 张燕翔. 当代科技艺术[M]. 北京:科学出版社,2007.

[2] 曹天元. 量子物理史话[M]. 沈阳:辽宁教育出版社,2008.

[3] 张燕翔. 新媒体艺术[M]. 2版. 北京:科学出版社,2011.

[4] 李政道. 科学与艺术[M]. 上海:上海科学技术出版社,2000.

[5] 刘华杰. 分形艺术[M]. 长沙:湖南科学技术出版社,1998.

[6] 温迪·普兰. 科学与艺术中的结构[M]. 曹博,译. 北京:华夏出版社,2003.

[7] 罗辽复. 分子手性:生命起源的指示灯[J]. 科学,1999(3):22-25.

[8] 凯恩. 超对称:当今物理学界的超级任务[M]. 郭兆林,周念萦,译. 汕头:汕头大学出版社,2004.

[9] 肖果能. Fibonacci数列[M]. 合肥:中国科学技术大学出版社,2015.

[10] 刘金义,刘爽. Voronoi图应用综述[J]. 工程图学学报,2004,25(2):125-132.

[11] Quincy F M. Superformula[M]. San Francisco:STA press, 2011.

[12] 李晋尘,夏宇佳. 数学与艺术的联姻:埃舍尔作品中的无穷性解析[J]. 艺术品鉴,2017(2X):383.

[13] 柴影. 关于柏拉图体与阿基米德多面体性质的研究[D]. 石家庄:河北师范大学,2016.

[14] Phillips M,Gunn C. Visualizing hyperbolic space: unusual uses of 4×4 matrices[C]// Proceedings of the 1992 Symposium on Interactive 3D Graphics (I3D'92), ACM, 1992:209-214.

[15] Coxeter H S M. Regular Complex Polytopes[M]. 2 ed. New York:Cambridge University Press, 1991.

[16] Turing A M. The chemical basis of morphogenesis[J]. Philosophical Transactions of the Royal Society of London, Series B, Biological Sciences, 1952, 237(641): 37-72.

[17] Bishop K J M, Wilmer C E, Soh S, et al. Nanoscale forces and their uses in self-assembly[J]. Small, 2009, 5(14):1600-1630.

[18] http://snowcrystals.com/.

[19] http://paulbourke.net/.

[20] https://theverymany.com/.

[21] http://www.bridgesmathart.org/.

[22] http://www.smithsonianmag.com/science-nature/how-to-grow-a-nanogarden-83146881/.

[23] http://robertfathauer.com/.

[24] http://georgehart.com/.

[25] https://people.eecs.berkeley.edu/~sequin/.

[26] http://www.josleys.com/.

[27] http://www.neatorama.com/2013/05/24/Klein-Bottles/.

[28] http://homepages.sover.net/~tlongtin/index_old.html.

[29] http://www.knotplot.com/various/AntoinesNecklace.html.

[30] http://mathworld.wolfram.com/AntoinesNecklace.html.

[31] https://www.google.com/intl/zh-CN/earth/.

[32] https://en.wikipedia.org/wiki/History_of_artificial_life.

[33] http://www.andylomas.com/.

[34] https://www.felicefrankel.com/.

[35] https://www.flickr.com/photos/flight404/with/4324821730/.

[36] http://www.tkim.graphics/.

[37] http://n-e-r-v-o-u-s.com/projects/albums/dress-fabrication/.

[38] http://researcher.watson.ibm.com/researcher/view_group.php?id=4245.

[39] https://hiveminer.com/Tags/generative,morphogenesis/Interesting.

[40] https://www.nasa.gov/.